私の人生にふりかかった様々な出来事

― 下巻 ―

ミャンマーの政治家　キン・ニュンの軌跡

著：キン・ニュン

訳：千葉大学研究グループ

三恵社

はじめに（千葉大学研究グループ代表）

千葉大学大学院社会科学研究院　教授　石戸光

本書は、ミャンマーの軍政時代に首相を務めたキンニュン氏による自伝的な回想録の続編（2冊目）である。ミャンマーにおいて社会事業を広く展開する林健太郎氏からの紹介により、筆者のキンニュン氏に直接お会いし、本書を翻訳出版することへの許諾を得た次第である。ミャンマー語から日本語への翻訳作業は中西治氏にお願いし、その後千葉大学のミャンマー関連研究グループのメンバー共同で内容をチェックした、共同責任による翻訳となっている。編集を田代佑妃氏（千葉大学特任研究員）が行った。校正作業は田代氏をはじめ五十嵐慧氏にお願いした。

千葉大学研究グループでは、「新学術領域」の研究として、ASEAN（東南アジア諸国連合）など政治経済的な地域統合を分断要因と統合促進要因の双方から分析しているが、「ミャンマーは ASEAN の縮図」、すなわち ASEAN の分断要因に個々の加盟国の政治経済的な動向が大きく影響しているのと同様に、ミャンマー国内における 100 を超える民族同士の分断と融和（和平）の動向がミャンマーの国家統合に大きな影響を与えている、という点が重要な研究視角として挙げられ、その意味で、ミャンマー国内の民族同士の和平による同国の国家統合に関する研究が、国家同士の取り結ぶ地域統合の研究に大きなヒントを与えてくれると信じ、本書を翻訳するに至った次第である。（またミャンマー自身が ASEAN という地域統合体の一部であり、その統合促進・分断要因に大きな影響を与えている点も意義深い。）

　本書の記述の性格として、欧米諸国、日本および近隣諸国からの収奪を警戒するあまり、ミャンマーの対外的な関係に関する表現が強いものとなっている点をまず指摘しておきたい。その上で本書の意図をくみ取るための解題を巻末に設けた。キンニュン氏の自伝的な回想録（続編）としての本書が、ミャンマーの近現代における政治経済的な動向を内部からとらえた資料としても参考となることを願っている。

本書の出版にあたっては、千葉大学リーディング研究プロジェクト「未来型公正社会研究」（代表：水島治郎・千葉大学大社会科学研究院教授）および文部科学省　科学研究費補助金新学術領域研究（研究領域提案型）「グローバル関係学」（代表：酒井啓子・千葉大学社会科学研究院教授）の一部門としての計画研究 A02「政治経済的地域統合」（課題番号：16H06548、研究代表：石戸光・千葉大学社会科学研究院教授）からの助成を受けた。

目次

はじめに（千葉大学研究グループ代表）

本編・・・・・・・・・・・・・・・・・・・・・・・・・・・・・・・・・・・・1
キンニュン元国軍大将の前書き　［37］
作家チッサンウイン（ドクターチッサン）の前書き　［39］
寄せられた詩　［44］

第1章　現代の政治・・・・・・・・・・・・・・・・・・・・・・・・・45
第1節　ナワタ（国家法秩序回復委員会）の巨大ルビー　［45］
第2節　マインシューの宝石鉱区　［49］
第3節　人類創成期時代のポンダウン化石の発見　［52］
第4節　昔の情報局　［56］
第5節　ヤンゴン市　［68］
（i）人民公園内でビジネスを行うこと　［70］
（ii）ヤンゴン市開発委員会　［71］
（iii）カンドージー湖の浄水　［71］
第6節　注意すべき7つの分野　［74］
（i）停滞している経済　［74］
（ii）思い切った改革を　［76］
（iii）適切な時期　［77］
（iv）ニュータウンか、荒廃した都市か　［78］
（v）環境保護と森林の植林　［79］
（vi）ミャンマーの伝統文化の継承　［81］
（vii）聖なるシュエダゴンパゴダ　［82］
第7節　提言したい6事項　［85］
（i）経済発展のために努力すること　［85］
（ii）外交方針は中立主義を貫徹すること　［86］
（iii）民族同士の団結と永続のために努力すること　［87］
（iv）自然環境の破壊がないように保護すること　［88］
（v）ミャンマーの伝統文化と慣習を保護すること　［89］
（vi）子供たちの教育　［91］
第8節　国家のため国民のために責任を負っている人物　［92］

第2章　ミャンマーの国境周辺の事情・・・・・・・・・・・・・・・97
第9節　ミャンマー国境地域　［97］
第10節　国境付近のロヒンギャと名乗る者たち　［100］

第 3 章　人物・・・・・・・・・・・・・・・・・・・・・・・・・103
第 11 節　私が尊敬する 5 人の人物　[103]
第 12 節　鄧小平国家主席が残した記録すべき言葉　[107]

第 4 章　国内の平和・・・・・・・・・・・・・・・・・・・・・109
第 13 節　私と共に平和事業を行った人物 25 人　[109]

第 5 章　著者の見解・・・・・・・・・・・・・・・・・・・・・119
第 14 節　殉職者と 30 人の志士の遺族に手厚い保護を　[119]

第 6 章　麻薬について・・・・・・・・・・・・・・・・・・・・123
第 15 節　国民から切り離すことができない麻薬の問題　[123]

第 7 章　ビルマ共産党との闘い・・・・・・・・・・・・・・・132
第 16 節　ビルマ共産党の残党に注意せよ　[132]
第 17 節　ビルマ共産党の影響下から解放された少数民族　[135]

第 8 章　気候変動に注意せよ・・・・・・・・・・・・・・・・137
第 18 節　自然災害に直面しているわが国　[137]

第 9 章　保健医療と文化・・・・・・・・・・・・・・・・・・142
第 19 節　健康のための衛生　[142]
第 20 節　ミャンマーの文化と伝統的慣習　[145]

第 10 章　著者の希望・・・・・・・・・・・・・・・・・・・・151
第 21 節　ダナ、ティラ、バーワナの 3 種が一致してこそ自然　[151]
第 22 節　栄えある古都バガン　[157]
第 23 節　ミャディゴンパゴダ　[164]
第 24 節　ミンドン王の功徳により建立されたパゴダ 2 基　[168]

第 11 章　故郷・・・・・・・・・・・・・・・・・・・・・・・・172
第 25 節　故郷モーウンを発展させるために　[172]
第 26 節　ティハ、ディパ、チュンターナ　[184]
第 27 節　私の家族の人生　[193]
第 28 節　シュエーモーウン社会貢献団体の医療活動　[203]

第 12 章　少数民族と共に・・・・・・・・・・・・・・・・・・210
第 29 節　懐かしのカチン州　[210]
第 30 節　カレン州とモン州で得られた経験　[222]
第 31 節　天女ドゥエメーノーとグェータウンピィー（銀山の国）　[229]

第 32 節　パントーミー・ワーカ・メーパレーとアジアハイウェイ　[233]
第 33 節　懐かしのチン州　[235]
第 34 節　血の繋がりがあるモン民族とビルマ民族　[240]
第 35 節　美しきラカイン州　[244]
第 36 節　麗のシャン州　[258]
第 37 節　ミャンマー最南端に暮らすサロン民族　[270]
第 38 節　チンドゥイン川の源流に住むナーガ民族　[274]
第 39 節　パオー地域とインレー湖の思い出　[278]
第 40 節　カレン民族評議会(KNU)との停戦が実現　[283]
第 41 節　ザガイン管区のカボー盆地　[288]
第 42 節　政府による和平実現への努力　[289]
第 43 節　2015 年総選挙で勝利を収めた国民民主連盟（NLD）　[290]

本書について・・・・・・・・・・・・・・・・・・・・・・・292

解題「民主主義を下剋上と読み解いた国軍」・・・・・・・・・・・294

本書の内容の言語解析・・・・・・・・・・・・・・・・・・・295

あとがき・・・・・・・・・・・・・・・・・・・・・・・・・299

著者・解題部分の著者・コメント者の紹介・・・・・・・・・・・300

【出版情報】

・出版：2016 年 2 月　第 1 版
・出版部数：1,000 部
・表紙写真：ゾーウインシェイン（歌手）
・コンピューター入力：ティンモーカイン
・製本：プープィンムェー
・印刷フィルム作成；コーウーと弟
・表紙と本文の印刷：ヤンゴン市チャウダダー郡区 33 通り 173 番地
　　　　　　　　　　　　　　サーペーローカ印刷所　ウーミョーニュン（13016）
・発行：ヤンゴン市バズンダウン郡区バズンダウン団地第 9 棟 203-204 号室
　　　　パンミョータヤー文学社（03969）電話：01-202372
・定価：6,000 チャット

出版物目録情報（CIP）

キンニュン（元ミャンマー首相・元ミャンマー国軍大将）

私の人生にふりかかった様々な出来事 2

―　ヤンゴン市パンミョータヤー文学社

　　480 ページ、横 15.24cm×縦 23.37cm

私の人生にふりかかった様々な出来事 2

私の人生にふりかかった様々な出来事
【下巻】

キンニュン
フモーウン出身
（元首相・元ミャンマー国軍大将）

著者キンニュン氏の略歴

ミャンマーの元軍人、元政治家。
1939 年にミャンマー（ビルマ）のヤンゴン管区、チャウタン・タウンシップ、フモーウンにうまれる。
ヤンゴン大学卒業の後、軍事政権下にて情報局を主導。
2002 年 9 月に大将へ昇格。
軍事政権の序列 3 位として国家平和発展評議会（SPDC）第 1 書記および首相（2003年 8 月より）を務め、この間、ミャンマーの民主化に向けた 7 段階の「ロードマップ」を発表。
2004 年 10 月に首相を解任され、7 年間自宅軟禁となる。
2012 年 1 月に民政移管後のミャンマー政府から恩赦を受けて自宅軟禁を解かれ、現在に至る。

私の人生にふりかかった様々な出来事
【下巻】

キンニュン
フモーウン出身
（元首相・元ミャンマー国軍大将）

チャイモーウンパゴダを拝みながら私の人生が始まった。
このモーウンの水面は私が祈りと誓いを行った場所である。
モーウンの息子　キンニュン

母が亡くなる前、チャウタン郡にある実家を訪ね私たち夫婦が母親に対して礼拝

私の母、ドーセインシンが健康なときにその息子と娘が一緒に記念撮影

功徳の数々

シャン州インレー湖ファウンドーウーパゴダの大仏を参拝

古都バガンのダマヤザカパゴダの大仏に金箔を貼る功徳を積んだ後、
境内を参拝するキンニュンの家族

高僧に対する称号授与式に際し、僧侶に対する寄進式典で
キンニュン第1書記夫妻が寄進品を納める。

ティーダーグー師に対してキンニュン第1書記夫妻が礼拝

2014 年、ボーセイン地区、ティーダーグー師の法会の際、
ダガイン山地に対して水を寄付するために 30 万チャットを寄進する。
ティーダーグー師がキンニュンの家族に謝礼

古都バガンに建立されたダヤザカパゴダの大仏に対して金箔を貼る功徳を積んだ後、
キンニュンの家族が灌水供養の儀式に出席し寄進を行う。

2015 年、チャイティーサウン寺院においてチャイティーサウン師に対して寄進を行う。

シャン州インレー地域の願いが叶うパゴダに寄進を行う。

古都バガンに建立されたダマヤザカパゴダの大仏に対して金箔を貼る功徳を積んだ後、
キンニュンの家族が灌水供養の儀式に出席し寄進を行う。

ヤンゴン大学創立 100 周年記念式典で、
インヤー寮に住む寮生が主催した夕食会にキンニュン第 1 書記夫妻が出席

ヤンゴン大学創立100周年記念式典においてキンニュン第1書記の妻、
キンウインシュエに対してインヤー寮の元寮生である教育省の二人の副大臣が記念品を贈呈

ヤンゴン大学創立100周年記念式典においてキンニュン第1書記夫妻と教育省大臣、副大臣

ヤンゴン大学創立100周年の期間中、マーラー寮の改装が行われる。
その際、大学の学生や教師たちと親しく懇談

2003 年、2004 年の水かけ祭りのとき、情報部部隊の敷地内で行われた水かけ祭りにキンニュン第 1 書記（首相）が参加し盛り上げる。

ヤンゴン市内インヤー通り14番地にある国軍迎賓館において行われた水かけ祭りのイベント
に国軍副司令官のマウンエー副上級大将がキンニュン第1書記に対して親しく水をかける。

2004年の水かけ祭りの際、国家平和開発委員会の副議長夫妻と共に水かけ祭りに参加。

1993年6月30日、妻のドクター・キンウインシュエーがミャンマー母子協会の副事務局に
就いていたとき、韓国政府が主催の研修会に出席し、他国の参加者と記念撮影。

1993年6月30日、妻のドクター・キンウインシュエーがミャンマー母子協会の副事務局長
に就いていたとき、韓国政府が主催の研修会に出席し、韓国の地方農村を視察中

パウンジー郡において行われた医師教育研修会（第1期）に
ドクター・キンウインシュエーが参加。

パウンジー郡において行われた医師教育研修会（第1期）にドクターキンシュエが参加。

1992年にドクター・キンウインシュエーがパウンジー郡において行われた医師教育研修会
（第1期）で、教育・保健省のペーテイン大臣と食事

合体して生まれたエーエーニェインとイイニェイン姉妹の切断手術に成功した際、
寄付を行う。金額は少額だが、心がこもった寄付となった。

古都バガンのアロードーピィ寺院においてアウンサン将軍の息子である
アウンサンウーが断髪し出家する際、檀家として参加

シャン州インレー地域のアロードーパゥにおいて参拝者と親しく懇談

母親との思い出

母親のドーセインシンの故郷、クンボーテイン村にある寺院において袈裟を寄進し、
寺小屋で勉強中の生徒のためにノートを寄付。

キンニュン第1書記、母親が亡くなる前にヤンゴン市長のウーコーレ氏と
共に母親が住んでいるチャウタンの実家を訪れ礼拝。

パオ地域チャウタロン町においてウーアウンカンティーの自宅を訪問し懇談を行う。

キンニュン大将が首相時代にパオ地域のカックー遺跡を訪問しパゴダを参拝。
パオ民族の指導者と市民が歓迎。

2004年、首相時代にタイを親善訪問した際、タイのタクシン首相と親しく会談した。
国の経済発展のために話し合った。

日本訪問時に小泉首相とキンニュン首相

キンニュン首相の外遊中に

キンニュン首相の外遊時に

キンニュン首相の外遊時に

キンニュンとドクター・キンウインシュエー

第 1 書記時代に国家元首と外遊中に記念撮影

キンニュン第1書記が首相に就任した直後、インドネシアで開催される
ASEAN 総会に出席するためインドネシアの空港に到着

キンニュン第1書記が首相に就任した直後、タイを親善訪問した際に
タイのタクシン首相とともに儀じょう隊を閲兵。

タイを訪問時、タイのチャハリット副首相がタイの空港で出迎え。

ベトナムを訪問した際、
ベトナム共産党総書記とミャンマーのキンニュン首相。

首相時代、ベトナムを訪問した際、ベトナム首相と。

首相時代、シンガポール首相と。

キンニュン第1書記が首相時代にマレーシアを親善訪問した際、
マレーシアのアブドラ・バダウィ首相と。

2004年7月12日、中国訪問時に記念撮影。

ナーガ民族の指導者

ナーガ民族の男性

シャン州北部の少数民族

ナーガ民族の女性

旧工業省の跡地に完成したミャンマープラザのような光景は
国家法秩序回復委員会の時代に採用した市場経済主義の成果である。

キンニュン元国軍大将の前書き

私自身が執筆した前著「私の人生にふりかかった様々な出来事」を購入し読んでくださった読者の皆さんにまず感謝したい。私は、自分の人生にふりかかった様々な出来事や、私が歩んできた人生のことを知らない人に知らせることができ、また枝葉末節は避けて要点だけを書き記せたことにより私は満足している。しかし、私は作家ではない。45 年間にわたり国軍で任務を遂行してきた国軍の軍人であるから、国民に対する報告書のような形で書き記したものである。

私が本を出版したのは利益を追求したのではない。私の著書を読んでくださる人々のために功徳となること、本を出版するために投資した資金を回収し、得られた収益をミャウンミャ市近郊に建立される予定の、高さ 216 ダウンのパゴダのために寄付した。公益のためであるのでぜひ「タードゥタードゥ（善き哉善き哉）」と言ってほしい。

今回、私にとって第 2 の著作となる「私の人生にふりかかった様々な出来事（2）」を出版する運びとなった。私の第 1 作目に書けなかったことや、私が釈放された後に体験したこと、そして将来、この国が発展してほしいという願いを込めて第 2 作目を書き記した。

まもなく誕生する新政権のために役に立つアドバイスや資料も含まれていると信じている。わが国には不足していること、十分でないことが山積している。それらの問題は、誠実な気持ちを持ってすべての勢力が協力してこそ解決できる。今は欠点や欠陥を指摘するより、国のために利益となることを皆で協力して進めて行かなければならない時期になっていると思う。貧困から脱却するために、進んだ技術を得るために、わが国の労働力の流出を抑えて、外国に出ている出稼ぎ労働者を母国に戻すために、外国に過剰に頼ることなく自分の力で国を発展することができるように、国内のあらゆる勢力を結集して一致団結の上、奮闘努力していかなければならない。

まもなく誕生する新政権の指導の下、皆が一致団結して努力すれば、皆が望んでいる新国家が生まれるのは確実だ。そのためにはすべての民族が一致団結しなければならない。強固な連邦精神をもって団結した連邦の勢力で新国家の建設に向かって進んでいくことを望んでいる。

重要なことは、わが国は工業国には絶対になりえないことである。先祖代々、農業を基本に努力してきた国である。国の経済は農業や畜産業を中心とした産業を盛んにするよう努力しなければならない。工業国にするという方針は、外国勢力の傘下に入ることになる。農業や畜産業を基本とした産業が盛んになるように、これらの産業が栄えている国から技術を習得できるように努力すれば国や国民にとって利益

となるだろう。

わが国ミャンマーの多くの国民は地方の農村に暮らし、そのほとんどが農業に従事しているため、農村に暮らす農民の生活水準を向上させることが重要である。そのためにも、将来性のある農業や畜産業を基本とした産業を優先的に進めるべきであると記しておきたい。

作家チッサンウイン（ドクターチッサン）の前書き

「チッサンウイン」という私のペンネームは、その年ごろになり他の人の著作に前書きを書いてほしいと頼まれて、たびたび使用しているペンネームである。この度の「私にふりかかった様々な出来事（2）」の著作に対して前書きを書いてほしいと頼まれたときは正直尻込みせざるを得なかった。

一方、著者の「モーウン・ウーキンニュン」という名前は私が紹介して初めて気が付くような名前ではないことは皆、承知のことである。

モーウン・ウーキンニュンの最初の著作である「私にふりかかった様々な出来事（1）」は既に出版済みである。その著作は読者だけでなく、国民の間で大きな反響をもたらした本である。その本を購入する読者は非常に多く、国民各層から注目を浴びた著作である。

国民各層から注目を浴びたのは当然である。なぜなら、モーウン・ウーキンニュンというのは他でもない。

1. 20 年以上、国軍情報部に務めた人物で、
2. 国家平和開発委員会の第 1 書記で、
3. 国家レベルの社会、保健、教育の各委員会において議長を務めた人物で、
4. ミャンマー国軍の将軍の地位まで上り詰めた人物で、
5. 国の首相で、
6. 民主化へのロードマップ 7 段階を発表した人物で、
7. ミャンマー国内で有名な国軍幹部の一人であるキンニュン元大将である。

私がキンニュン元大将の第 2 作目に前書きを書くにあたり、キンニュン第 1 書記に関して私が知っている限りのことを記しておきたい。

1. キンニュン大将は国軍情報部の仕事を 20 年以上にわたり務めた熟練した人物である。
2. キンニュン大将は国民のためにもっとも仕事をした指導者の一人である。
3. キンニュン大将は国軍情報部の仕事を諜報の観点だけでなく、国民の立場になって務めた人物である。
4. キンニュン大将は国家法秩序回復委員会の第 1 書記として任務を遂行した際、国内 18 の少数民族武装勢力と和平交渉を結んだ人物である。
5. キンニュン大将は東南アジアや東アジアなど国際社会において主導的な立場になり、活躍した人物である。
6. キンニュン大将を中心とする国軍情報部のことを気に入らない人達が存在した。

7. キンニュン大将は横領、収賄、部下監督不行き届きなど8つの罪で、禁固44年の判決が下された。国家元首により刑の執行猶予を与え、自宅軟禁とされた。

キンニュン大将は国家と国軍の情報部の仕事を1983年から2004年まで20年以上務めた人物である。キンニュン大将ほど国軍情報部に長く務めた人物はいないと思われる。また、国内だけでなく海外の情報機関とネットワークを構築した人物である。このように諜報の仕事に精通した人物を失うことは国家にとって損失であった。

キンニュン大将は外交、麻薬撲滅、密貿易などの分野の情報収集に精通した人物である。

私の年齢は80歳に近づこうとしている。この時期にキンニュン大将ほど国民の間に入って宗教活動やあらゆる分野の事業に携わっている国の指導者を見たことがない。私はミャンマー国営放送が毎晩8時に放送しているニュースを聞いていた。午後8時のニュースが終わるまでキンニュン大将はどこかの場所でまだ働いていることが分かる。そして、私が翌朝6時に起きてテレビをつけると、すでにキンニュン大将はシュエダゴンパゴダの足場に登っている。私の友人の一人が「あの方はいつ情報収集活動を行っているのだろう」と語ったことがある。

キンニュン大将は国軍情報部の任務を国民の立場から行っていると述べたが、これには確固たる証拠がある。「ダガウン」という場所がミャンマーの始まりと言われている。しかし、イギリス植民地時代から、ダガウンはアノーヤター王の時代より古いという証拠はない、探しても証拠が出てこないため、ダガウンのことは忘れ去られてしまった。しかし、ダガウンのウーパンデイタナンダー師がダガウン町シンニャッコン村の近くに住むウーティンウインが所有する建物の一つの基礎部分に古い煉瓦のようなものを発見した。当時の歴史の専門家たちはそれがいつの時代のものか結論が出せなかった。その後、国軍情報部が歴史の専門家と話し合い、研究を行ったところ、それはベィッタノー時代のものと同一であることが分かった。そのため、それらは11世紀のアノーヤター王の時代から5世紀のベィッタノー時代のものと歴史が遡ったのである。この発見は国軍情報部のおかげである。

昔、ミャンマーの歴史ではアジア大陸の中部から、各民族の集団が移動してきたという移民説(Migration Theory)が受け入れられてきた。ミャンマー国内に暮している各民族はアジア大陸の中部からタンルイン川、エーヤワディ川、ビャハンダポウッタヤー川に沿って、モン・クメール系統の民族やチベット・ビルマ系統の民族が移動してきたという説が信じられ受け入れられてきた。その後、1614年にミャンマー国内のポンダウン地域で類人猿の化石が発見され、インド人類学博物館に保存された。1978年にバモー氏が類人猿の化石二つと、ウートーティンとそのグループが他に類人猿の化石二つを発見した。その四つの類人猿の化石はミャンマー中央銀行の金庫に保管されていることが判明した。それらの類人猿の化石は世界で最も古い

ものであることがわかり、「人類の始まりはミャンマー」ということが高らかに宣言された。国軍情報部は類人猿の化石を中央銀行の金庫から見つけ出しただけでなく、ポンダウン地域における発掘調査隊を編成したことはミャンマーの歴史を大きく変える転機となった。

ミャンマー国内で 4 千万年前の類人猿の化石を発見しただけでなく、800 万年から1200 万年前の類人猿の化石も見つかったことから、ピャダーリン洞窟はミャンマーの石器時代の初期から後期に至るまで人類が存在していた証拠となっている。サモン川流域で石器時代の後期から青銅器時代、ピュー時代からバガン時代に至るまでの歴史的な資料が存在するので、各民族がアジア大陸の中部からミャンマーに移住したのではなく、ミャンマーの中部から人類が始まったという確固とした証拠が見つかった。他の場所からミャンマーに移動したという説は弱くなっている。

中国の雲南大学のチンズィー研究員などの若い歴史研究者は中国からミャンマーに移動したのではなくミャンマーの中部から中国へ移動したと研究発表している。このように以前からあった説が変わったのはミャンマー国内で類人猿の化石が発見されたおかげである。それはまさしく国軍情報部の活躍によるものであると記しておく。

ミャンマーはネーウイン大統領が亡くなった後、国際社会との関係が手薄になった。首脳同士の交流や親睦が少なくなった。民主主義を掲げているが、国際社会だけでなく東南アジア諸国との関係も弱くなった。しかし、キンニュン大将が首相になってからは ASEAN 諸国だけでなく中国やインドとも積極的に関わるようになった。それはキンニュン大将に素養があったからだと言える。

私はキンニュン大将に質問したことがある。「キンニュン大将、何の罪で訴追されたのですか？」と聞くと、「部下のチョーウインが私の知らないうちに、自宅に電灯を設置していた。これが原因で禁固 6 年が加わった」と言った。そのようなことは、ビルマ社会主義政権時代によくあった。ビルマ社会主義党の幹部を訴追するときにミルク缶 6 つをもらっただけで禁固 6 年の刑が処されることがあった。

ある出来事を私は覚えている。1974 年に新憲法の国民投票が行われ承認されるときだった。当時、私と記者のウートゥンシュエーがタウンジーに行って取材していた。式典が午前中に終わり、ビルマ社会主義党の事務総長であるティンエーチョー少佐と面会した。ティンエーチョー少佐は「チッサンさん、ここに来ているのですか。夕方、食事会がありますよ。チッサンさんも来ませんか」とティンエーチョー少佐が招待するので、私たち取材グループはその食事会に出席することにした。ティンエーチョー少佐、ティンウインニョー少佐、裁判沙汰になった議長トゥンリン大佐など、タウンジーのこの食事会は 50 人が参加した。私たち取材グループも含まれている。しかし、食事会の参加者リストには私たちは含まれていなかった。政党の議

長、州レベルの人物だけがリストに含まれていた。ニャウンシュエの党議長、事務総長などは食事会に出席しないで、帰宅した。しかし、食事会の参加者リストには党議長の名前が含まれていた。彼らを取り調べたところ、党議長が出席していないことが明るみになった。事実として、彼らは出席していなかった。本当に出席した私たちは取り調べを受けなかったため、私たちは本当に出席したという証言を行う機会を得られなかったが、ティンエーチョー少佐は、食事会の参加者リストを偽造したという罪で判決が下された。食事会の出席者リストと食事会の費用については党の事務局が作成したものだった。事務局はその食事会には参加してない。このようなことはよく起きることである。

キンニュン大将が執筆した「私にふりかかった様々な出来事(2)」には多くの興味深い記述がある。それは、ナワタ（国家法秩序回復委員会）のルビーのこと、マインシュー宝石鉱区のこと、人類の祖先である類人猿の化石が発見されたことなど、これらは大変興味深い。

1988 年以降、国軍が政権を担当して以来、国軍情報部の仕事を担当していたときのことを読むのは大変興味をひかれた。

この本の中で、2010 年から 2015 年の政府の政策に対して満足できなかったことをキンニュン大将が指摘して記しているが、ここは後の NLD 政権にとって参考になり貴重なものとなると思う。

キンニュン大将は、自身の実力により実現した少数民族武装勢力 18 グループとの和平が水の泡になったことを悔やんでいるように見える。彼の著作第 1 巻だけでなく、このたびの第 2 巻でもそのことを触れているのは、いかに悔やんでいるかが推し量れる。

和平交渉の中で、カレン民族評議会(KNU)の首領であるボーミャと親しみを込めて「パティー」「ポードー」と呼び合う様子、KNU の首領が「私はこれで地元に帰るが、私がもう一度ここに来るとき、ポードーは私を飛行機で迎えに来てくれるか？」「もちろん、迎えに行きますよ」とお互いに声をかけ合う場面があったが、この約束が反故になったことは非常に残念である。

キンニュン大将の著作を読めば、これまで知りたかったことが多く記されていることが分かる。しかし、読者が本当に知りたいことが十分に書かれていない。第 1 巻が出版された際、読者から「本当に知りたいことが書かれていない」との批判があった。しかし、国で起きたことを全部、暴露するのは良いことではないだろう。

最近、在英国ミャンマー大使館の大使を務めたビッキーボーミンさんは、ミャンマーのヒスイに関してインタビューに答えた際、「私の身の安全もありますから」と

答えたのを見かけたことがある。それと同様に国家や国民のために極秘にすべきことを、個人が暴露することは良いことではない。しかし、モーウンの息子、ウーキンニュン（キンニュン元大将）の本著には知りたいこと、知るべきことや、国家の首相の役職まで担当した人物によるアドバイス、意見、経験をもとにした感想は価値があることをここに記しておく。

寄せられた詩

だれが容易に折ることができようか（折れはしない）

1本の薪（たきぎ）は「ポキッ」と容易に折れるが、
多くの薪を束ねると、誰が容易に薪を折ることができようか（できはしない）。

マウンニーマイン（チャウタン）

強固な精神をもって

私たちが暮らしているわがミャンマーの国土は美しく

水田は緑に輝き、河川は長く流れ、

それは水彩画を描いているようだ。

多くのパゴダと寺院

堰には水が溢れ、豊富な資源があるわが国土

私たちが暮らしているわがミャンマーは発展し続け

皆が手と手を取り合い

強固に団結し、お互い親愛の情をもって

喜びも苦しみも分け合い

強固な精神で団結しよう。

マウンニーマイン（チャウタン）

第1章　現代の政治

節　　　内容
1　　　ナワタ（国家法秩序回復委員会）の巨大ルビー
2　　　マインシューの宝石鉱区
3　　　人類創成期時代のポンダウン化石の発見
4　　　昔の情報局
5　　　ヤンゴン市
　　　　（i）人民公園内でビジネスを行うこと
　　　　（ii）ヤンゴン市開発委員会
　　　　（iii）カンドージー湖の浄水
6　　　注意すべき7つの分野
　　　　（i）停滞している経済
　　　　（ii）思い切った改革を
　　　　（iii）適切な時期
　　　　（iv）ニュータウンか、荒廃した都市か
　　　　（v）環境保護と森林の植林
　　　　（vi）ミャンマーの伝統文化の継承
　　　　（vii）聖なるシュエダゴンパゴダ
7　　　提言したい6事項
　　　　（i）経済発展のために努力すること
　　　　（ii）外交方針は中立主義を貫徹すること
　　　　（iii）民族同士の団結と永続のために努力すること
　　　　（iv）自然環境の破壊がないように保護すること
　　　　（v）ミャンマーの伝統文化と慣習を保護すること
　　　　（vi）子供たちの教育
8　　　国家のため国民のために責任を負っている人物

第1節　ナワタ（国家法秩序回復委員会）の巨大ルビー

時期は1990年頃、ナワタ（国家法秩序回復委員会）の政権を担って間もない頃で、国を発展させるために努力するぞという気持ちが強かった。その頃の国の経済はすっかり落ち込んでいたと言ってよいだろう。地下経済が真っ盛りの時期で、それは周辺各国に影響を及ぼしていた。我が国は技術的に未熟であるため、付加価値のある高品質の製品を生産できず、原料となるものしか輸出できない。商人が正式な貿

易であれ、密輸であれ、周辺諸国と貿易を行っていた時期であった。地下資源、地上にある天然資源などをタイや中国へ容易に持ち出すことができた時期でもあった。大変、もったいないと思う出来事があった。宝石の産地モーゴゥで採掘されたルビーが密輸ルートを通しタイへ持ち出され、ビジネスになっているという情報が持ち上がってきた。情報の発生地はマンダレーである。最初に入手した情報では、モーゴゥの宝石鉱区の一つで非常に高価なルビーの原石が発見されたということだった。その鉱区の持ち主は、正式な手続きを経ることなくある商人に対して譲り渡したという追加情報を得た。

この情報をマンダレーに駐屯している情報部の部隊が情報部本部に報告し、参謀長（第1級）の職位にあるタントゥン少佐に、この件について調査し真相を解明するよう任務を与えた。また、この件に関して担当するよう情報部の補助部隊としてチョーニェイン少佐に詳細な情報を与え、本件を調査し、真相を解明するよう任務を与えた。

この件に関係する人物をすべて招集し、調査や取り調べを行ったところ、彼らを逮捕できるだけの十分な証拠が入手できたが、ルビーの原石はタイのメーサウに渡っていることが明らかになった。

ソーマウン上級大将とタンシュエ大将が、国内で採掘された高価な宝石を観察

この件に関与している者を逮捕し起訴するべきか、メーサウに渡っているルビーを取り戻すことを優先させるべきか決断しなければならない。メーサウに渡っているルビーを取り戻すには拘束した人物たちを信用して解放し、メーサウに行かせるしかない。拘束した人物たちを信用して解放し、メーサウに行かせることが適当なことかどうかも検討しなければならない。このことに関してタントゥン少佐に意見を

求めたところ、ルビーの奪還を優先させるべきとの提案があった。

私はこの自然の恵みである巨大なルビーの原石は国家の宝であると認識し、このルビーの原石を取り戻すことを優先させた。信用できる人物を派遣してルビーが取り戻せなくてもこの件が消滅するということはない。そのため、タントゥン少佐に任務の詳細を告げてルビーを取り戻すことを優先することを決断した。

タントゥン少佐からもルビーを取り戻すために派遣する人物に対して任務を詳細にわたり伝えた。メーサウに到着してルビーを入手できたら、すぐに川を渡ってミャワディにある情報部の部隊に行き、その部隊からタントゥン少佐に連絡を入れること、誰がどのような質問をしても、その任務のことを誰にも口外しないこと、なすべきこと、避けるべきことなど詳細にわたり伝え、その信用できる人物を派遣した。

ヤンゴン市内ウータウンボー通りとガバエーパゴダ通りの交差点にあるロータリーに
国家の誇りを表す「ナワタのルビー」が飾られている。

メーサウに派遣された人物は10日後にミャワディに戻ってきて、情報部の部隊からタントゥン少佐に電話で連絡を入れた。情報部の部隊長には、その人物に何も質問しないこと、ティンガンニーナウンの駐屯地に連れて行くこと、その人物に部隊長が同行すること、その人物と何も話をしないこと、などを指示したことが分かった。メーサウに派遣された人物がルビーの原石を持ってティンガンニーナウンの駐屯地

に入っているという報告をタントゥン少佐から受け、国家法秩序回復委員会の議長と副議長に報告し、ヘリコプターを出して貰うことと、そこにタントゥン少佐が同行するよう手配した。

メーサウに派遣された人物はミャワディに夕刻になって到着したので、ヘリコプターは翌朝に運航させることになった。ヘリコプターはパアン市内の師団長のところに師団をチェックすることを名目としたため、「何のために来ましたか？」「来訪の目的は何ですか？」との質問攻めにあったが、タントゥン少佐は賢明に切り抜けたようである。その後、ティンガンニーナウンの駐屯地に到着し、ルビーの原石を持ってヤンゴンに戻った。

タントゥン少佐が私に対して渡したルビーの原石を、ソーマウン議長とタンシュエ副議長のとこに持っていき報告した。そして、鉱山省の大臣に引き渡した。その日、このルビーは「ナワタ（国家法秩序回復委員会）のルビー」と名付けられた。

法に違反した人物を逮捕し起訴するべきか、国外に持ち出された物を取り戻すことを優先すべきか、その問いに関して、国家に利益を優先させた決断はそのときの状況に大きく関わっている。そのときの決断は正しかったと思うが、良い結果が出るとは限らない。

そのときの状況を分析して判断したことで、タイに持ち出されたルビーの原石は正直な人物の行動により我が国に取り戻すことができた。メーサウから他のところに売却する準備がまだ整っていなかったことも幸いした。幸運が重なったと言えるだろう。結論から言うと、何か決断する際は、そのときの状況やタイミングなどの様々な事象を基に可能性のあることを考えて決断しなければならないということだ。

第1書記が国家の幹部に対してルビーを見せているところ

第2節　マインシューの宝石鉱区

時期は1992年頃だった。マインシュー町から東へ5-6マイル行ったところの山にルビーのような赤い石が採掘されたこと、地元の少数民族たちが「マインシューのルビー」と呼び、マイントン、マインサッなどの地域からタイへ持ち出され、タイで売りさばいていると、情報部の部員から報告があった。得られた情報を基に、ナワタ（国家法秩序回復委員会）から鉱山省に問い合わせたところ、マインシュー地域から採掘された原石は宝石としての価値がないこと、商業ベースに乗る採掘は無理であること、などの回答があった。鉱山省からこのような回答があったが、情報部の下級担当者から、マインニューで宝石を採掘する者が日を追うごとに増え続けていること、タイ側のある村で宝石を買い取っているため、その村全体が裕福になっていること、アパートや一戸建て住宅が次々とできて、経済が潤っていること、掘り出している少数民族は栄養ドリンクの瓶にルビーの原石を入れてやっと300バーツしか収入が得られていないこと、ミャンマー側の少数民族がルビーの原石のままタイへ売り渡していて、タイ側でルビーを焼いて付加価値をつけているため、経済が潤っているなどの情報を入手した。

そのとき、国家の利益を重視するモーゴゥの宝石商人たちがマインシューで採掘されたルビーの原石を焼いてみたところ、モーゴゥのルビーと同様に光り輝くルビーの色になったこと、原石を焼くことで黒い斑点が消滅したこと、丁寧に研磨するとモーゴゥと同じくらいのルビーの品質になったこと、モーゴゥのルビーほどではないが、深紅のルビーらしい色合いになったため、高級品市場に参入できること、サンプル品を制作することなどをタントン少佐に報告してきた。その後、情報部の立ち合いの元、ルビーの原石を焼いて実証してみたところ、彼らが話したとおり、黒い斑点が消滅し深紅に輝くルビーになった。

マインシューの宝石鉱区（パラ-81区）

マインシューの宝石鉱区（ラ-7）

モーゴゥの商人たちのプレゼンテーションにより新たな宝石鉱区が出現することが期待された。そのため、情報部隊のチョーニェイン少佐をリーダーとして、鉱山省の職員を同行させマインシューの宝石鉱区に極秘裏に調査チームを派遣させた。

マインシューの宝石鉱区で宝石を許可なく採掘している者が数百人いることをビデオ撮影し、すべての状況を記録して報告させた。この調査チームに2週間ほど調査させたところ、新たな宝石鉱区になる可能性を十分に記録することができたため、調査で得られたデータと写真、ビデオを国家法秩序回復委員会の議長と副議長に報告し、鉱山省の大臣を呼び、新たな宝石鉱区の誕生を発表するために準備を開始した。

我が国では、技術不足、知識不足、政府省庁の職員の努力不足、地下経済の発展を助長している状況など多くの欠陥を抱えている。そのため、貧困の連鎖から脱却できないでいる。クリーンな政府、正しい政策、国を発展させたいという熱意、根気、根性でもって一致団結して取り組めば、国が発展し平和になり、貧富の格差が縮小すると信じている。

私たちが将来のために取り組まなければならないのは、ミャンマー国内に存在している地下・地上の天然資源を国際的な技術を導入して採掘し、付加価値のある製品に加工して得られるべき利益を国家が得られるよう、国家の責任のある者たちが取り組むことである。マインシューの宝石鉱区での出来事を教訓にここに記した。

宝石展示会にて売却されるマインシュー産の宝石

マインシューの宝石鉱区で採れた宝石を選別しているところ

第3節　人類創成期時代のポンダウン化石の発見

1997 年の初頭だったと思う。在英国ミャンマー大使館のウインアウン大使（後の外務大臣、死去）が第 1 書記の私に対して朗報を知らせてきた。情報部の部長職にあったときに聞いていた内容だった。1978 年ごろ、ミャンマー中部で人類の祖先である類人猿の化石 4 つが発見されたものの、どこに保存されているのか不明となっており、これについて調査する必要があることを極秘裏に報告してきたのである。

この件については私自身も非常に興味があり、ミャンマーの歴史上非常に良いニュースになること、今後行うべきことが多々あることなどを考慮し、参謀長（第 1 級）のタントゥン中佐を執務室に呼び、上記の類人猿の化石 4 つが今、どこに存在するのか調査させ、今後行うべきことをまとめて報告するよう指示した。

類人猿の化石が発見されたポンダウン地域

タントゥン中佐は 2 週間ほど経過した後、以下のように報告した。経緯はこうだ。1978 年 4 月、マンダレー大学地質学部のバモー講師と学生たちが現場で地質調査を行っている際、パレー郡モーカウン村の近くで類人猿の化石を 2 つ発見した。1978 年 10 月に、マンダレー大学地質学部のトーティン講師ほか教師たちのグループがパレー郡モーカウン村の現場を訪れ、類人猿の化石 2 つをさらに発見した。この化石について、アメリカの学者が「タイム」という雑誌に記事を掲載したことにより、ミャンマーで発見された類人猿の化石が世界中に知られることになった。

しかし、この記事に関してミャンマー政府の幹部や教育省の幹部は事前に何も知らされず、雑誌に記事が掲載されてからこの事実を知り、この雑誌を取り寄せて読むことになった。その後、担当者に誤解があり、この 4 つの化石を厳重に保管したこ

と、あまりに警戒し過ぎたため、中央銀行の金庫に保管したことが分かった。

調査により中央銀行の金庫に保管してあることが分かったため、この4つの化石を国立博物館に引き渡すべく、当時の財務省のウインティン大臣と話し合い、1997年2月7日にこの4つの化石を国立博物館に移動した。その日、国立博物館において4つの化石に関して、ヤンゴン大学のティンアウンエー学長が音頭を取り、地質学者、化石の専門家、大学の専門家が参加するフォーラムを開催し、化石に関する知識を共有した。

そのフォーラムにおいて、1978年に発見された4つの化石はAnthropoidと呼ばれる類人猿の化石であり、約4千万年前の化石であること、ポンダウン地質層から発見されたものであること、世界でもっとも古い化石であること、今後もこの地域において発掘調査を行うべきであること、などが話し合われた。

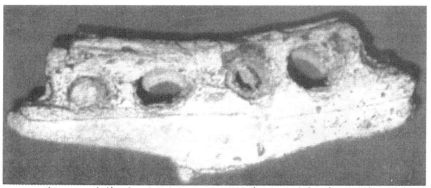

500万年〜100万年前のものと見られるワニの顎と歯の化石（ポンダウン地域で発見）

現在、エジプトで発見された類人猿の化石が世界でもっとも古い化石であるとされているが、実際はミャンマーのポンダウン地域で発見された化石のほうが1千万年ほど古いこと、1913年ごろ、インドの地質調査チームが同様の化石を発掘し、それをインドに持ち帰り地質学博物館に展示したことが分かった。

このフォーラムで出された意見は以下のとおりである。ポンダウン地域において類人猿の化石を発掘するための調査活動を継続すること、これにより、人類の誕生と進化の研究においてミャンマーで発見された化石が大きな役割を担うことになると、複数の専門家が意見を出した。

専門家の意見を尊重し、ポンダウン地域において化石を発掘するため、国軍戦略研究所と教育省の地質学者が共同で「ポンダウン地域化石調査発掘チーム」を1997年2月に設置し、タントゥン大佐がチームの代表となった。

1997年3月8日、ダゴンイェッターにおいて委員全員が集合し、各自の役割について話し合い、それぞれの任務が与えられた。私自身は、化石の調査発掘作業は国家にとって大変意義があることなので、チームに参加する専門家たちを激励した。

化石の調査発掘チームは1997年3月9日、ヤンゴンを出発しモンユワを経由して、パレー郡にあるポンダウン地域の発掘現場を回り、実地調査を開始した。

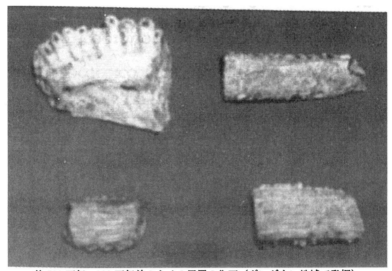

約500万年～100万年前のカメの甲羅の化石（ポンダウン地域で発掘）

3月28日までミャイン郡にあるバヒン地域において調査発掘作業を継続し、大変価値がある類人猿の化石の一部を発見することができた。また、様々な生物の化石も発見できた。化石を発見した地層のサンプルを採取し、エネルギー省傘下のミャンマー石油・天然ガス公社の応用研究所（タッチャン）にサンプルを提出し、分析させたところ、その地層の時代は4千万年前のポンダウン地層のものであることが分かった。

1997年5月11日、ヤンゴン市内インヤー通り20番地にある国軍迎賓館においてポンダウン地域で発掘された化石を展示し、メディアの記者や各界の専門家を招待して調査発掘チームの調査結果とこれからの展望についての記者発表を行った。
この記者発表会には外国の専門家も招待された。彼らから調査発掘作業を継続するように助言された。

その後、米国のアイオワ大学やカルフォルニア大学の専門家、フランスのモンピリ

エール大学の専門家、モロッコの専門家などが参加するチームや、日本の京都大学の専門家たちと共同でポンダウン地域における調査発掘作業を継続して行った。

約 500 万年前～100 万年前とされるカメの甲羅の化石（ポンダウン地域）

毎年の雨期明けの時期に、ポンダウン地域調査発掘チームは外国の専門家たちと共同で調査発掘作業を行い、成果を収めた。特に地層の年代を分析する際、最先端の技術を使って分析することで、地層の正確な年代を決定することができた。外国の専門家の分析によると、ポンダウン地層の年代は 4010 万年から 3820 万年前のものということが判明した。ミャンマーの専門家が行った分析では 4000 万年前ということだったから、正しかったことが証明された。今回出された分析結果により、ポンダウン地域で発掘された類人猿の化石は世界でもっとも古いものであることが分かり、世界の化石専門家や人類学の専門家のほか、世界の科学者たちが興味を示した。アメリカ科学振興協会が発行する「サイエンス」という雑誌など、科学雑誌に紹介され、フランスや日本の学者が執筆した論文により世界中に知られることになった。

米国ペンシルベニア州ピッツバーグの北部にあるパウダーミル・ネイチャーリザーブという施設で 2001 年 4 月 19 日から 22 日まで、ニューヨーク大学、デューク大学の学者が主催して「類人猿の祖先」というタイトルで国際会議が開催された。その会議にミャンマーの学者であるティンテイン氏とエーコー氏が招待され、ミャンマーの類人猿の化石について発表した。その会議には米国、フランス、日本の学者が出席し、ポンダウン地域で発掘された類人猿の化石についての論文が発表されたと聞いている。

この会議において、ミャンマーのポンダウン地域で発掘された化石は類人猿の化石であることが確認された。この会議で、ミャンマー政府が行っていることが評価され、さらに調査発掘作業を行うべきであるとの意見が出されたことが分かった。
現在、ポンダウン地域における化石の発掘作業は中止されているだろう。興味を持っている人も少ないと思われる。ある人間が行ったことは国家のために行ったのか、自分の利益のためだけに行ったのかを識別し、国家の利益のため、国民の利益のために行ったのであれば、さらに奨励し引き続き行うべきであると提言したい。

特に意識すべきことは、何かの任務を行う際、その担当となった者は自分のため、自分の家族のため、自分のグループのため、という良くない気持ちを捨て、国家のため、国民すべてのためという気持ちをもって行動することである。それが成功をもたらすことは間違いないと思う。

第4節　昔の情報局

1988 年から 2004 年 9 月まで私、キンニュンは第 1 書記としての役職と情報局長としての役職を遂行してきた。首相としての役職も 1 年以上担った。第 1 書記の役職にあったとき、ASEAN 関連の会議に出席する際は、ミャンマーを代表とする首相として出席したこともあった。当時、私は権力を握っていたわけではない。私の上には二人の上司がいた。その二人が決定した政策に従って、発言したり、実施したりしなければならなかった。

軍事政権と民主主義政権とでは、政府の運営方法や政策実施の方法がまったく異なっている。軍事政権では、トップの命令に従って実行しなければならない。国家法秩序回復委員会[1]の議長は、国軍最高司令官であるため、軍事行政制度の方式により実行しなければならない。トップの命令や指示から逸脱してはならず、正確に実施に移さなければならない。

その当時、各軍管区長は二つの任務を担う必要があった。一つは担当する地域の軍事に関すること、一つは地域の民生に関することである。軍事と民生の両方を統括する者であるため、地方政府の大臣の上に位置することになった。そのため、各管区・州などの地方でもっとも権力のある人物は各軍管区長であった。

各軍管区長に対して指示を出すのは国軍副司令官で、第 1 書記である私、つまり情報局長が指示を出し監督することはできなかった。各軍管区長に何か言いたいことがあれば、必ず国軍副司令官を通して指示しなければならなかった。そして、各軍

---

[1]　State Law and Order Retoration Council (SLORC)

管区長の監督下に情報部隊が置かれたため、各軍管区長の指示に従わなければならなかった。国家にとって一大事の重要事項が発生した場合に限り、情報部隊から情報局長に対して直接報告することはあった。

1988年前の時代、国軍最高司令官のソーマウン大将を
タイのチャウンバーリッ元帥が歓迎している様子。

1996年9月11日、タンマニー・ボーキンマウンのグループに対して、
情報部のテインハン少佐とクンミャッが食事会を行いもてなしている様子。

各軍管区長に対して、国軍最高司令官や副司令官から別々に命令が出されることもあった。どんな指示が出されたのかについて、第1書記の私は知ることは許されなかった。知ろうともしなかった。これは国軍が実行しているベール制[2]のためである。この制度は国軍では必ず従わなければならない慣習であり、定着した制度の一つである。

私が所属していた情報部にはあらゆる種類の人たちがいた。各役職で、良い人間もいれば、悪い人間もおり、私と繋がりが薄い人達の中に悪い人間が多かった。
国軍最高司令官にさえ尊敬する態度がない人間であるため、地方政府の官僚や公務員に対して傲慢な態度で接する者がいたことを私は否定しない。傲慢な態度で接する者や不遜な態度で命令する者に関して私は謝罪したことがあるが、重ねてここにお詫びしたい。

私が所属していた情報部の局員の中に非常に裕福になった者はほとんどいないと思う。十分に食べていけた者はいる。例外として、私たちの情報部の名前を借りて、トゥンリンヤウン社という会社を立ち上げた者は、情報部を後ろ盾として私腹を肥やしていた。それは幹部の一人だった。彼は情報部の幹部でありながら、私のように逮捕されることはなかった。これは別に驚くべきことではない。世渡り上手な人間であると私は思っている。

彼一人だけは非常に裕福であった。米国に広い庭つきの豪邸を購入し、愛人を住ませているという。刑務所から釈放された彼の部下の一人に対して財産の一部を分け与えたとも聞いている。しかし、財産というものは常にあるものではない。人としての価値のほうが重要である。

現在、逮捕されていた私の元部下である情報部員は全員釈放された。釈放に向けて努力してくれた人たち、準備を進めてくれた人たちに感謝を申し上げる。私の部下や同僚に対して、国軍を裏切ることがないよう、国家を裏切ることがないよう、何度も諭した。

私自身も国軍に対しても、国家に対しても、国民に対しても絶対に裏切ることはしないと誓っている。また、私の上司にあたる国家のトップや同僚に対しても裏切ることはしないと誓った。

インヤー通り14番地にある国軍迎賓館で外国大使館に所属する武官夫妻を
もてなしている様子。

1993年の初頭、ピンダヤ市コンロン師が建立したパゴダにおいて傘をかける儀式に
マウンエー大将と第1書記が出席し参拝している様子。

ヤンゴン市内インヤー通り 14 番地に位置する国軍迎賓館において
外国大使館付の武官夫妻を招待し、モーニングコーヒーでもてなしている様子。

私はかなり高齢になったため、宗教（仏教）的な活動と社会貢献活動のみ行ってい
くと決意し、私の仲間たちと共同でシュエモーウン社会貢献協会を設立した。それ
により、私の生まれ故郷であるチャウタン郡にある 70 の村に居住する村民のために
仏教や社会活動を行って協力している。寺小屋教育、仏教スクール、若者に対する
道徳教育、高齢者の世話、村民のための医療活動などを行っている。

また、地方農村において本を読む習慣をつけさせ、知識を得ることができるように
図書館を設置できるよう支援している。本や雑誌などを寄贈する活動も行っている。

ここでひとつ、記しておきたいことがある。それは、私とマウンエー上級副大将の
間には何もトラブルはないということである。彼は私の上司であり、常に尊敬の気
持ちをもって接していた。職務として、また国軍の伝統として、私の上司であり、
また私の国軍の伝統や習慣を守る性格もあって、私たち二人の間には何も問題はな
かった。国軍の伝統としてお互いを尊敬し合う間柄であった。

ヤンゴン大学創立100周年記念式典の実施に努力した当時

2003年12月、初期段階の和平協議のためにヤンゴン市内を訪問している
KNU（カレン民族評議会）に対してキンニュン首相が面会している様子。
KNUの代表者はソーソー、ソーポードー、ソージョーニーと仲介者のクンミャッ。

ミャンマーの伝統的な祭りであるティンジャン（水かけ祭り）では、家族同士がお互いに親睦を深めるために水を掛け合い、この仏教的儀式に共に家族で参加したことがある。国軍が教育した同志的な精神によりこのようなことができたのだと思う。同志というのは非常に親しい人物であり、いついかなるときにも同志的な精神を保持することができればどんなに良いことかと思う。新しい時代の若い国軍将校たちも、国軍が教育したように国家と国民に対して忠義を尽くさなければならない。国家や国民のために命を捧げなければならないという精神や信念をもって慎んで行動すれば、国民がだんだんと敬愛する国軍に変わることは間違いない。

キンニュン第1書記がインセイン聖書学校を訪問した際、
キリスト教の代表者やキリスト教徒が歓迎している様子。

ミャンマーが独立を得るため、自分を犠牲にし、自分の命を捧げたアウンサン将軍をはじめとする30人の志士の精神や信念、そして、独立を得るために命を落とした歴史に記された人物の努力や信念を理想的な見本として国家から与えられた任務を忠実に行わなければならない。国民が愛する国軍になるように願っている。

私たち情報局が主催するミャンマー伝統の水かけ祭りについて話したいと思う。ミャンマー人による伝統的な水かけ祭りはミャンマー全国で毎年行われるもので、とても楽しい祭りである。その祭りには民族を問わず、宗教を問わず誰でも参加できる。この祭りは旧年の汚れを清め、新年を祝うもので、大変神聖である。

1994 年 2 月 23 日、和平協議が成功裏に終了したことを祝い、
第 1 書記とカチン民族代表のサブェジュン、クンミャッがカチン民族のマノー祭りに参加。

ヤンゴン大学創立 100 周年記念の式典の準備を進めている様子。

ヤンゴン市内インヤー通り14番地に位置する国軍迎賓館において
外国大使館の外交官たちと水かけ祭りを楽しんでいる様子。

ヤンゴン市内インヤー通り14番地に位置する国軍迎賓館において
水かけ祭りを行っている様子。

この祭りは、国軍を代表して情報局が主催し、ヤンゴン市内インヤー通り 14 番地に位置する国軍迎賓館の敷地内において、ミャンマー国内に勤務している外国大使館付の武官とその家族やお客さんを招いて行っているものである。迎賓館において行われる水かけ祭りの行事が終わると、次はバスに乗ってヤンゴン市内の特設ステージ（マンダ）を巡るツアーに繰り出すのである。

私たち情報局は、ヤンゴン市内にある国軍迎賓館の建物を維持管理していただけでなく、外国からの賓客をこの迎賓館でもてなす役割も担っていた。

インヤー通り 14 番地にある国軍迎賓館において行われる水かけ祭りに
マウンエー国軍副司令官とミャミャサン夫人、ティンウー第 2 書記とヌェー夫人、
私の妻であるキンウインシュエー。

**1988 年以前、タイ国王軍のチャウンバーリット元帥の招待により、
タイ国王軍特別部隊養成学校をソーマウン国軍最高司令官が視察している様子。
学校長のウインモー准将が案内している際、当時大佐であったキンニュンが同行している。**

カレン民族評議会(KNU)の代表者であるソーボーミャと和平協議を行う際、インヤー通りにある国軍迎賓館においてもてなした。当時の和平協議、交渉、先方をもてなしたことは今となっては思い出話となってしまった。

私たちが維持管理していた国軍迎賓館が今、どのような状態になっているのかは知る由もない。国軍迎賓館、国家迎賓館というものは歴史の中で生まれてきたのもので、未来永劫ずっと維持管理されるべきものである。

私たち情報局がなくなっても、迎賓館を維持管理していかなければならない。誰が維持管理しても、責任感と真心をもって重要視するべきであると記しておきたい。

**毎年の国軍記念日に行われる式典の後に、バゴー山脈の 14 の村に住むカレン民族の代表者を
インヤー通りにある国軍迎賓館に招待して、
国軍幹部たちと一緒に記念撮影を行っている様子。**

さらに記しておきたいことは、少数民族武装勢力との和平交渉を情報局が中心に行っていたことだ。和平仲介者や宗教指導者が我々に協力してくれた。情報局の幹部たちは、武装勢力との話し合いのために自分の命を顧みず、与えられた任務を忠実に遂行した。

武装勢力側が要求していることを上層部に迅速に報告した。その要求事項を実現するために情報部の幹部自身が現地に赴き実施したため、武装勢力側が大いに満足していたのである。

麻薬の統制に関して、内務省傘下のミャンマー警察の部隊と共同で麻薬の捜索、撲滅の行動を武装勢力とともに頻繁に協議を行ったことで、ケシ栽培を中止させることができた。その後、麻薬撲滅地域として宣言することができた。しかし、現在、麻薬はミャンマー全土に広がっている。青少年から壮年、中年にかけて麻薬が蔓延している状況を残念に思う。国民すべてが麻薬撲滅のために協力することが必要である。

毎年の水かけ祭りの期間中に、第1書記夫婦は平和を祈念して白いハトを放った。

私たちが「麻薬」と呼んでいるのは間違っていると思う。「麻薬」は「薬」ではない。人間を困らせる悪魔の品物、人間の精神や体を蝕む品物、一度使っただけで、人間の能力、体力を衰えさせ、廃人にさせる品物、ミャンマー人という誇り、愛国心を失わせるものである。だから、将来を担う若者たちは絶対に避けるべきものである。そのため、国民全員参加で責任を持って麻薬撲滅にあたるよう提言したい。

麻薬がもたらすマイナスの効果を理解するために、もっとも基盤となるところは学校、各地区にある図書館、ボランティア団体、仏教スクール、道徳教育を行う学校などである。

第5節　ヤンゴン市

総選挙の前に5年間政権を担った政府が行ったことに対して、不満を感じている。このことについて私の意見を述べてみたい。

ヤンゴン市は独立を得るまえの時代も、独立を得た後の時代も、ミャンマーの首都であった。歴史的にも首都であったことは明白である。ネピドーは後にできた首都である。ヤンゴンはミャンマー国内に居住する少数民族も、すべての国民も、すべての人々が尊重している首都である。外国外交使節も、政治家も、専門家も、すべての時代において国家にかかわるあらゆる事項や伝統を作ってきたすべての人物が居住し、また居住している首都である。ミャンマーのもっとも大きな港があり、ミャンマーのもっとも大きな貿易センターがあり、商業都市であるため、もっとも重要視しなければならない都市であり、これを軽んじることはできない。

シュエダゴンパゴダの参道

しかし、現在は首都ではなくなった。他の地方都市と同様、一地方都市に成り下がってしまった。首都としての機能も失った。窃盗、略奪、強盗、殺人、強姦、暴力などの犯罪都市に成り下がっている。ミャンマー警察も法律に従い効果的に犯罪を防止することができていない。

ヤンゴン市内の中心部でさえ、集団による暴力行為、強盗、略奪、人を殺して川や雑木林に捨てるなどの行為が発生しているため、国民にとって安全の保証がない。

長距離バスをあるグループが襲い、バスに火をつけたという事件が最近起きた。統

治機構が十分に機能していない弱点をさらけ出している。

外交使節や多くの外国人がいるヤンゴン市内でこのようなことは大変恥ずかしいことである。治安責任者は早急にこれらの問題を解決する必要がある。ヤンゴン市を管理し、統治している人たちには大きな責任がある。適正な規則、適正な制度の下、平和で清潔で治安のよい都市となるように統治する者には責任がある。統治機構が早急に機能するように統治する側の責任者にはその責務がある。

（i）人民公園内でビジネスを行うこと

人民公園において経済事業家のためにテナントを与えて、ビジネスをさせていることは行き過ぎており、私は不満に思っている。

この人民公園は、国民がのんびりと平穏に休息をとるために設計されたものである。経済事業家のためにテナントを与え、ビジネスをさせるためのものではない。ヤンゴン市内の中心部に位置し、シュエダゴンパゴダの足元にある重要な場所であるから、国民が平穏に休息をとれる場所であるべきだと思う。現在は経済事業家のために、また買い物を楽しむ人たちのために国民が所有しているものを切り分けたようになってしまっている。私が不満に思うように他の一部の人も不満に思っているだ

ろう。私がこのようなことを書いたために、ビジネスのチャンスを得た経済事業家たちが私を罵るのではないかと思う。私は不適当なことを行う許可を与えた行政側を批判しているだけで、行政側が慎重にものごとを決定するようお願いしたいと記しただけである。今となっては手遅れになってしまった。今後、慎重にやってほしいと言いたい。私が書いたことに間違いがあればお赦し願いたい。

（ii）ヤンゴン市開発委員会

ヤンゴン市開発委員会に、ヤンゴン市を本当に清潔な街にするように、本当に住みたい街になるようにして欲しいと言いたい。メインの道路や目立つ場所だけでなく、裏通りまで美しく清潔な街になるように政策を行ってほしいと思う。裏通りや建物の裏手などは後ろ指を刺さなければならないほど不潔な状態である。近隣諸国に視察に行かせ、その街を模範にしてほしい。今の時代、国民の多くはシンガポール、タイ、マレーシア、中国、日本など外国に行った経験のある人が増えている。それらの国とミャンマーがどれくらい違っているか知っているであろう。

政府の責任者の中にもそれらの外国へ行ったことがある人がいるであろう。これらの外国政府がどのような政策を行っているかを学んで、政府の責任者が行うべきことをすれば、どんなによいことかと思う。自分の国をこれらの外国のように清潔に、のどかで美しく、住み心地の良いところすることは功徳にもなる。多くの国民から敬愛されるだろうと言いたいのである。

（iii）カンドージー湖の浄水

2015年11月7日、総選挙の前日、私と妻は私と非常に親しい間柄の同僚の娘の結婚式に出席したが、会場への到着が早すぎたため、時間をつぶすためにカンドージー湖畔で新鮮な空気を吸おうと、カラウェイ宮殿の近くの湖畔に車を止めて空気を吸ってみた。

インヤー湖の湖面（このような広い湖がある首都は珍しい）

本当のことを言うと、道路が渋滞していることを恐れて早めに出発したのだが、この日に限って渋滞がなかったために30分早く到着してしまったのである。

そこで、新鮮な空気を吸いたいのでカンドージー湖の湖畔に出てみるも、新鮮な空気を吸うことができなかった。空気の匂いが良くない。カンドージーの湖面はアオコで緑色に染まっているのを見て残念に思った。

私が政府の重職に就いている期間中、ヤンゴン市の美しい景色を演出するカンドージー湖とインヤー湖の二つの湖を市民の憩いの場となるように適宜、保全と改良を行ってきた。いつも湖面が美しい湖で、ヤンゴン市内に住む市民にとって本当の憩いの場となっていた。しかし、現在カンドージー湖の湖面が汚物で覆われているのを見て本当に残念に思う。

ヤンゴン市内の中心部に位置する二つの美しい湖であるカンドージー湖とインヤー湖をヤンゴン市の気品を保つために常に保全、改修を行うことができれば、国民のために良い憩いの場所になると思う。

カラウェイとカンドージーの湖面

インヤー湖畔

インヤー湖の湖畔の歩道に夕方になると多くの市民が繰り出し休息を取っているのを見るとほっとする。カンドージー湖のほうは、保全や改修が十分であるとはいえない。ヤンゴン市開発委員会と担当者がヤンゴン市の気品を象徴するこの二つの湖を常に保全、改修することができれば、どんなによいことかと思う。ヤンゴン市の気品を保つものであり、市民の憩いの場であるため、責任のある人たちすべてが責任感と真心をもって協力して行うことを祈念する。

第6節　注意すべき7つの分野

（i）停滞している経済

今日、私たちが会っている、私たちの周りにいる国民の生活状況について知らないふりをして通り過ぎることはできない。私たちの周りで起きていることはミャンマー国全体において広がっていると推測してもよいだろう。なぜならば、ミャンマー経済は落ち込んでいるからである。下層階級の規模はどんどん大きくなっている。貧困に直面している下層階級の人たちはどんどん増えており、ミャンマー国内で犯罪が日増しに増え続けている。
ほぼ毎日、新聞やジャーナル紙、テレビ放送で窃盗、略奪、強盗、殺人をして財産を奪う犯罪、子どもが両親から無理やり財産を奪うなどの犯罪などが発生しているが、これらはすべて貧困が原因である。衣食住に困窮しているため、精神的に正常な状態を保持することができず、なるようになるさという感覚で罪を犯している。

ミャンマーの経済は良くない。経済専門家はたくさん出ている。しかし、彼らは何も力にならないと思う。その証拠として発生している問題は、ドルが急激に高くなり、それに伴い金の価格も値上がっているため、ミャンマー経済は無秩序の状態になっている。ドルが急激に上がっているため、経済事業家たちは多くの困難に陥っている。

当局の高官たちは「この現象は一時的なもの。直に安定するさ」と発言している。これは口から出まかせである。この問題に対してどう対処して、どうアイデアを出し、どのように支援するのかについては言及がない。問題が解決するまでじっと待っていなさいという姿勢だ。解決策を見出し、問題を解決できれば非常に良いだろう。今、ドルとチャットを交換してビジネスを行っている者たちは大きな困難に直面している。

今、入手した最新の情報では、政府の担当者と中央銀行の担当者が話し合いを行っていることが分かり、それは喜ばしいことである。

建設関係の人たちも建設工事が軒並み中止され、アパートなどの物件を購入する人

にとってもチョーピン（工事開始前から代金を前払いする制度）によりお金を支払うことができず、建設業界は仕事がストップしている。そのため、建設工事中の建物が中途半端な状態で放置され、資金の回転もできず建設業界は事業が停滞している。投資された資金は建設途中の建物の中に埋もれてしまい、資金の回転が完全に滞っている。ビジネスの世界で資金の流れが停滞するとあらゆる困難に直面することになると私は思う。

我が国の経済事業家の投資の方法は、他の国々の経済事業家と大きく異なっている。それは、外国の経済事業家は銀行から資金を借り入れ、事業に投資しているが、ミャンマーでは自分が所有する自己資金により事業を行なうしか方法がない。ミャンマーで銀行から資金の融資を受けられるのは一部の人たちに限られている。もし、融資が得られたとしても十分な金額ではない。そのため、建設関係の経済事業家は銀行から融資を得られない場合、建設工事を中止するしか方法はない。

エーヤワディ河が、食糧、果物、草花、木材などの恵みを育んでいるのは今も変わらない。

わが国の指導者たちのほとんどは地方を巡回していないということを指摘したい。下層階級の人々、地方農村に住んでいる農民の生活実態を知らないと思う。各省庁の下級レベルで働いている公務員たちが数字を操作して提出している報告書を見て、それを本当だと思いそのまま信じている人が多いと思う。それ故、国家の基本政策と実際に行っていることには大きな乖離があると思う。これは私個人の見解である。

（ii）思い切った改革を

もう一つ取り上げたいのは、ヤンゴン市内で民間に対して投資許可を与える際の問題である。国家が所有している土地や建物に対しては、ミャンマー投資委員会の許可に基づき、国内の事業家と外国の事業家が合弁で事業を開始している。しかし、少し時間が経った後、投資委員会は何らかの理由をあげて、その事業を中止せよとの命令を出し、その大規模な事業が中止になったために、多くの労働者たちは職を失い、投じられた資金や資本財が無駄になったりしている。これが何を意味しているのかというと、投資委員会の責任は大変大きいということである。安易に投資の許可を与えるのは適当ではない。許可を与える場合は、確実性が必要である。国家に関係する機関は、このような決定を安易に行うべきではないし、許可した場合は簡単に変更することがないような確実性が必要なのである。過ちを助長させるつもりはない。最初の段階から過ちが起きないようにあらゆる方面から検討を行い、決定すべきである。

ミャンマー経済は非常に停滞している。経済の状態が良くないと国内において様々な問題が発生する。ミャンマーは ASEAN 諸国の中で何番目に位置しているだろうか。何を改革しなければならないのか。この先、何をすべきであるのかをじっくり考え、改革すべきところは改革しなければならない。これから先、改革すべきことを忘れ、過去に遡ったり、従来通りのやり方を継続することは国のためにどれほどの利益があるのだろうか。利益を損ねることがあるのかどうかを見極める力が求められている。改革すべきことがあれば、それを思い切って実行すべきである。過去を蒸し返し、批判するだけの批評家のことは気に留めることはない。

ミャンマーは ASEAN の加盟国であるから、ASEAN 会議で意見を発表し、決定したことを尊重し、これに従わなければならない。我が国の近隣諸国が行っている政策、やり方の中でよいものを見習っていけば、大きな間違いは起こさないと思う。専門家同士が議論し、その提言に従うべきものがあれば、実行すべきである。国家のために、国民のために行うのであれば、それは名誉を下げるものにはならない。過ちを犯さないことが重要である。やるべきこと、なすべきことを実際に実行しなければならない。

(iii) 適切な時期

ヤンゴン市は英国植民地時代にきちんと計画的に開発された都市である。以前は東南アジアの中でもっとも清潔で、計画的に開発された首都であり、その美しさは評判だった。

以前、ヤンゴン市は東南アジアでもっとも美しい都市であった

首都の中に、カンドージー湖とインヤー湖という二つの湖があり、首都らしい雰囲気を醸し出していた。

ヤンゴン市は首都らしい雰囲気を出す基盤を持っていたため、都市を管理する行政責任者がきちんと政策を行い、市の担当者がくまなく街を見て歩いて、市民と共になすべきことをしていれば、現在のような荒廃した状況にはならなかったであろう。外側から見える部分だけを手直しするだけでは、ヤンゴン市における美化の実現は遅延するだろう。

現在、ヤンゴン市は国の玄関として外国人の出入国がもっとも多い都市になっている。現在のヤンゴン市の状況や美化の状態は、ASEAN諸国からの入国者でさえ立派だとは思わないだろう。批判されないだけまだマシだと思うが。

ヤンゴン市を管理する責任者でさえ、郊外の町を訪れることはない。もし、行けば、改善すべきこと、市民と共同で行わなければならないことが山積していることが分かるだろう。彼らは実際には見て歩かないため、何もしないのだ。それは当然のことだ。責任者はすべて責任感をもって一緒に取り組んでほしい。

(iv) ニュータウンか、荒廃した都市か

1988年以降、ヤンゴン市は地方から流入した不法占拠者により、都市が荒廃していた。そのため、当時の政府はニュータウンを開発し、不法占拠者をそちらにきちんと移住させた。家も土地もない人たちが、家と土地を与えられた。ダゴンニュータウン、シュエピーターニュータウン、ラインターヤーニュータウンを計画的に開発し、小屋住まいから集合住宅に居住できるようにチャンスを与えたのである。さらに、市民に職を与えるために、工業団地を開発し、市民の多くは職を得ることができきた。

現在、これらのニュータウンでは、商売を行ったり、職を得るチャンスが随分と広がってきた。しかし、当局責任者の無責任さのため、まだ20年しか経っていないニュータウンは、新しい街ではなくなってしまった。例えば、ラインターヤーは荒廃した街になっている。工場の敷地前には不法占拠者たちが建てた小屋が立ち並び、非常に見苦しい状態になっている。外国人や、合弁事業のため視察に訪れる人たちにこのような状態を見られるのは恥ずかしいことである。誰に責任があり、誰がこれらの小屋を撤去するのだろうか分からない。責任者が責任をもってこれらをきちんと排除すればよいと思う。

都市としての機能に合致するよう、工場の光景も清潔な雰囲気になるよう整備し、本当に住居がない人々には差別なく公平に扱い、住居をきちんと確保し、真心を込めて政策を行うべきである。

（ⅴ）環境保護と森林の植林

我が国はずっと昔から森林や樹木により緑に恵まれた自然環境を保持しており、外国人から賞賛されていた。昔の王朝時代から王様が住んでいた都の周りも森林で囲まれて緑で一杯だった。古都バガンでは、トゥーイン山の麓もミャカンダー湖があり緑に恵まれていて、宮殿の周りの堀には水がいっぱいに張っていた。勇士ピューソーティーは巨大な鳥、豚、虎などを退治したと言われているが、それは森林があったからである。なぜなら、森林なしではこのような猛獣が存在するわけがないのだから。英国統治時代も、ニュー・ボンベイ・ビルマ会社が森林の植林事業をきちんと行っていたのだ。しかし、現在はその森林が荒廃していると言わざるを得ない。私が情報局の戦略部長の職位にあったとき、カレン州のミャンマー・タイ国境一帯にチークの樹木がうっそうと生い茂っていたのを覚えている。

しかし、1988 年以降、ミャンマー・タイ国境一帯にあった森林資源は消滅している。欧米諸国がミャンマーに対して経済制裁を加えていたため、外貨を得るためにチークを伐採し外国に輸出したり、不正なことをする輩たちが不法にチーク材を伐採し密輸したりしたことで、森林の多くが荒廃してしまった。現在、ミャンマー・タイ国境一帯にあった樹木は消滅している。
バゴー山脈にあったチークの樹木も今はなくなっていると思われる。自然環境も悪化している。

このことを無視することはできない。政策を策定し、森林が復活するようにしなければならない。書類上だけで「植林して森林ができました」というようなことはあってはならない。実際に樹木を植林して森林を再生しなければならない。実際に森林が再生しているかどうかの検証も行う必要がある。各階層の責任者はその責任を負わなければならない。5 年間でどれだけ森林が再生し、10 年間でどれだけ、20 年でどれだけ再生するのかを検証できるようにきちんとした計画を立てて実行する必要がある。トップに立つ人物をはじめ、下級の役人それぞれの階層に至るまで責任感をもって実行するときが来た。

バゴー山脈の麓を通るヤンゴン〜ネピドー〜マンダレー高速道路の周りにも樹木がまったくなくなった。ほとんどハゲ山になっている。森林はなく、雑木林しか見当たらない。自然環境の保護、森林の再生、順当な気候になるよう政府の責任者は国民とともに協調して行うときが来た。

木材を国家が休みなく伐採する

国民も薪を燃料として森林資源に依存している。

（vi）ミャンマーの伝統文化の継承

ミャンマー人の伝統文化の継承はかなり廃れてしまっている。外国文化が大量に流入し、それを間違った方向に見習い、外国のスタイルで生活したり、外国のスタイルの服を着たり、言動を行ったりすることはミャンマーの伝統文化と相反することである。飲酒や麻薬の使用は国中に広がっている。

未来の若者にとって憂慮すべきことである。ミャンマーの伝統的な文化、ならわし、慣習が廃れつつあることはミャンマー全国津々浦々で起きている。両親と息子、娘の関係、教師と生徒との関係はその形が変わってきている。関係当局の責任者たちもこの点を無視しているように見える。

しかし、不幸中の幸いだろう。仏教学校というものが普及してきた。道徳学校というものも普及してきているので、まだ良かったと言えるだろう。それでも、人口5千万人以上のミャンマー国民全員に対して、ミャンマーの伝統的な文化を継承させるには、仏教学校や道徳学校だけでは不十分であろう。教師、僧侶、檀家が協力して行動してほしいと願う。デザイナーたちもミャンマーの伝統的な文化に反したファッションをデザインしないでほしいとお願いしたい。

以前のミャンマーの伝統的な服装やファッションは気品に溢れたレベルが高いもので、国際社会からも評価されていた。しかし、その評判は地に落ちてしまった。だから、ミャンマーの伝統的文化と伝統的な服装、良い慣習を復活させ、尊重するように皆で協力しようではないか。

第1書記が芸能人たちと親しく懇談。

（vii）聖なるシュエダゴンパゴダ

シュエダゴンパゴダに関して、自然災害であれ、人間の無思慮な行動による人災であれ、パゴダが損害を受けないようにパゴダ管理委員会が実行していることを知り、大変嬉しく思う。シュエダゴンパゴダはミャンマー国民にとって最高のシンボルである。すべての仏教徒にとっての精神的な支えである。歴代に渡り、きちんと修復、保全、維持管理してきたため、現在に至るまで、見目麗しい姿を拝むことができる。

シュエダゴンパゴダは 1988 年以降、大規模な改装工事を行い、パゴダに通じる参道の建て替え、パゴダ境内にある仏教関係の施設をすべて改装し、排水を良くするように排水溝を改修し、西側にある土地ののり面の補強工事を行った。また、新しいエレベーターに入れ替え、エスカレーターを設置し、境内の床面を新しいタイルに張り替えた。また、パゴダ全体の強度を増すための工事を施し、柱も鉄製のものと交換してパゴダの尖塔部にかける傘も新しいものと入れ替える仏教行事を段階ごとに行ってきた。

このような修復工事、改修工事、改装工事、補強工事などを行ったために、自然災害が発生しても破壊されることなく頑丈な姿のまま存在している。ところが、最近シュエダゴンパゴダの周辺で大規模な不動産開発が行われ、大きな建物が建設されるという話を聞いている。そのことに関して、多くの国民や専門家たちから反対の声が上がったため、このプロジェクトが中止になったことを聞いた。それで、パゴダ管理委員会が記者会見を行ったのだと思う。誰が何と言っても、誰がどんなことをしても、私たちにとってもっとも崇高なシュエダゴンパゴダが損傷を受けずにそのままの状態を保つことを願うのみである。シュエダゴンパゴダが永遠に存続するように祈りを捧げたい。

今、もっとも新しい情報によると、シュエダゴンパゴダ周辺で予定されていた不動産開発計画は中止になったことを知った。大変うれしいことである。

しかし、私はひとつ欠落していることがあると思う。それは他でもない。この不動産開発プロジェクトに投資するために参加している企業のことを考えることである。初期の開発工事が開始されているため、これに投資している投資家がいるはずだ。このプロジェクトに投資した企業のために、他の場所を探して代替地として与えなければならないと思う。このプロジェクトを許可した際、政府のどのレベルまでが関わり、どのように許可したのかはわからない。かなりのコストがかかっていると想像される。彼らに大きな損害を与えないように政府の責任者が適正に判断して、実行すべきであると記しておきたい。

シュエダゴンパゴダの南門から見えるシュエダゴンパゴダ

シュエダゴンパゴダの尖塔部に新しい傘をかける儀式において、
「聖なる鳥が羽を休める場所（フゲッミャナー）」という飾り物に
宝石などの貴金属をつけている状態を確認する第1書記。

83

シュエダゴンパゴダの尖塔部に新しい傘をかける儀式において、
パゴダの尖塔部まで設置した足場を上がり、尖塔部に到達している第1書記と
その息子であるゾーナインウー少佐、サンシン准将。

シュエダゴンパゴダの尖塔部に新しい傘をかける儀式において、
キンニュン第1書記がセインプードー（もっとも高い位置におく飾り物）に対して
香りがついた清めの水をかけている様子。

シュエダゴンパゴダの尖塔部に新しい傘をかける儀式において、
キンニュン第1書記が国民から寄進された宝石を飾り付けたものを
パゴダの尖塔部にかけている様子。

第7節　提言したい6事項

私は以前、政府から重要な役職を与えられその任務を遂行してきた。私は国家元首と政府から与えられた任務を果たすために、どんな大木にぶつかろうが、虎に襲われようが、その任務を全うするために困難に立ち向かいながら職責を果たしてきた。任務を遂行する際は、国家が発展するように、全民族の団結が永遠のものとなるように、真の真心を込めて働いたのである。

現在は、国家から与えられた任務はないが、国を平和にしたいという気持ちはある。国を発展させたい気持ちがある。国民の生活水準を今の状態より良くしたい。貧富の格差を縮小したい。どのような政府が樹立されようとも、国家や国民のために真心を込めて国の発展のために尽くす政府であれば、私は支持する。党利党略を優先し、特定の人物を応援するようなことはない。皆が一致団結して行動してほしいと思っている。そこで、私の長年の経験を基にして提言したいことを申し上げる。

（i）経済発展のために努力すること

ミャンマーは世界の中で最貧国のリストに含まれている。ASEAN 諸国の中でも最も貧しい国と言ってもよいくらいだ。普通に努力しただけでは貧困から脱却はできない。経済政策を変える必要がある。経済が良くなってこそ、国が豊かになってこそ、

貧困率を削減することができる。少数民族が暮らす辺境地域、国中にある農村地域には必要とされるものが数えきれないほどある。国内で戦闘が行われ平和でないことが少数民族や国民が望んでいることを実現できない原因の一つである。国の経済が発展することと、国内の平和安定とは関連がある。

窃盗、ひったくり、殺人、強盗、詐欺、公務員の給料が少ないため賄賂を要求するなど、これらはすべて貧困が原因になっている。貧困が国民性を低下させ、犯罪といった悪業に走らせている。

犯罪の根源は、貧困のせいで悪行を犯しているのだ。このような悪行から解放されなければならない。国が豊かにならなければ、悪行から解放されることはない。皆が一致団結して実行できれば望むことすべてがだんだんと実現していくことは確実である。

ASEAN 諸国の中でもっとも貧しいと言ってもよいくらいだ。

(ii) 外交方針は中立主義を貫徹すること

我が国ミャンマーは地政学的に大変重要な位置にある。ミャンマーは独立以来、歴代の政府は平和共存5原則を踏襲し、どの勢力にも属さない中立主義を貫いてきた。その後、活発な中立政策を実行している。ミャンマーの北部には強大で人口が非常に多い中国、西部には人口が非常に多く、発展が目覚ましいインド、国土は狭いが

非常に人口が多いバングラデシュなどと国境を接している。欧米諸国による中国包囲網はミャンマーが重要な鍵を握っている。そのため、国境地域の安全保障は非常に重要である。そのため、憎しみは短く、友好は永くということわざの通り、生かしていかなければならない。

（iii）民族同士の団結と永続のために努力すること

我が国、ミャンマー連邦国はピュー、カンヤン、テッという 3 つのグループを源とし、大きく分けて 8 つの民族が仲良く協力しながら生活しており、現在に至っている。

ナーガ族の年に 1 回の祭りは皆が一致団結して。

カチン民族系統の 32 民族、カヤー民族系統の 9 民族、カレン民族系統の 11 民族、チン民族系統の 53 民族、ビルマ民族系統の 9 民族、モン民族系統 1 民族、ラカイン民族系統の 7 民族、シャン民族系統の 33 民族など合計で 135 民族が長い歴史にわたりお互いに団結しながら暮らしてきた。ミャンマー第 1 期、ミャンマー第 2 期、ミャンマー第 3 期の各時代にわたり、それぞれのリーダーが外国勢力の危険に直面しながらもそれを乗り越えて、団結を維持しながら奮闘努力してきた。ミャンマー第 4 期は、アウンサン将軍を中心とする 30 人の志士がイギリス植民地下から独立を勝ち得るために多くの命を犠牲にしながらも奮闘努力したことは忘れるべきでない団結の結果である。

これからもずっと歴史のある限り団結を保持していくことは私たちの使命である。

（iv）自然環境の破壊がないように保護すること

最近起きた出来事として、水害によりミャンマー全国の国民が困難に陥ったということが挙げられる。現在に至るも、救援活動や復興事業が完了していない。その事業は非常に規模が大きい救援活動にボランティア団体や一般市民の多くが真心を込めて参加しているのは心強い限りだ。しかし、復興事業の規模が大きすぎるため、外国政府や外国機関の協力や支援を必要としているのは確かである。外国の協力や支援が得られるように政府の責任者は努力しなければならない。

現在、直面している洪水などの水害は自然環境の破壊が原因であることを専門家が明らかにしている。森林の破壊、未開拓地の開墾、無秩序な政策、不法な樹木の伐採と売買が主な原因である。その結果、山々に雨が降り、大量の土砂が川に流れ出し、川に土砂が堆積することで川の河床は元の高さより高くなり、大量の雨が降ると、川の周辺の町が洪水の被害を受けることになっている。河川が浅くなっていること、森林が破壊されること、また未開拓地が無秩序に開墾されていることに伴い、ミャンマー国内が今後も水害に見舞われることは想像に難くない。

早急に森林の復興事業をきちんと政策を策定して実行するために努力しなければならない。未開拓地の開墾事業もきちんと計画を立てて教育しながら行う必要がある。

エーヤワディ河、チンドゥイン河などの大河も長期計画を立てて水の流れが良くなるように担当する当局は護岸工事や浚渫工事を行わなければならない。

道路脇の樹木を伐採し、アスファルトを作る燃料として使用していることは
自然環境の破壊であるが、わが国では実施されている。

(v) ミャンマーの伝統文化と慣習を保護すること

ミャンマーの伝統文化と慣習はミャンマー国が誕生した大昔から発達してきたもの
であるから、消滅したり、衰退したり、他の文化と融合したりなどしてはならない。
しかし、現在時代の流れにより、外国から流入したファッションや行動様式が若者
の間に広く浸透している。時代の流れを止めるわけにはいかない。しかし、自分の
国の伝統文化と慣習、服装を消滅させたり、衰退させたりすることはあってはなら
ない。

政府は可能な限り森林を保護していた。

伝統文化を保護することが必要

品格のあるミャンマーのサインワイン（オーケストラ）

僧侶が主導して行っている道徳教室、仏教学校は大変良いと思う。ミャンマー文化
に関するボランティア団体が今よりもっと増えることを期待している。

民族の誇り、郷土の誇りをさらに高めるために、ミャンマー伝統芸能の作詞・作曲・
舞踊・歌唱大会、国民体育大会、学生スポーツ大会、伝統ボート大会など、全民族

のすべての若者やすべての学生が参加し競争できる祭典を季節に応じて政府が主導して実施してもらいたい。

(vi) 子供たちの教育

小学校に通う子供たちは両親や教師が望む方向に躾けることができる蝋人形のようなものである。宗教的であれ、文化的であれ、伝統的な慣習であれ、大人が望む方向に躾けることができる年齢である。

これらの子どもたちが国の将来を担うのである。国際社会を見ると、どの国においても自分の国が望んでいる方向に躾ているのが分かる。子供たちに楽しい経験をさせながら、一方で国の望む方向に躾ているのである。我が国においては、子供たちへの教育が十分でないことが分かる。

現在、高僧や僧侶が道徳教育を行ったり、仏教学校を行ったりしているが、小学校の年齢から始めているのが分かる。このように子どもたちの育成を国家的任務として行うべきであると提言したい。

この子供たちが国の将来を担うのである。

子ども達

第 8 節　国家のため国民のために責任を負っている人物

ミャンマー連邦国憲法によると、総選挙で勝利した政党が 5 年間政権を担当し、国を発展させ、国民の生活水準を向上し、平和で安定した国家にするために努力しなければならない。政策方針、目標、実施したいことはたくさんある。しかし、国民の大部分が望んでいることは上記に述べたことである。

我が国のほとんどの国民は貧困に直面している。ASEAN 諸国の中で比較しても最低レベルにあることが分かる。我が国の下には東チモールがあるくらいだ。地方農村に暮らす人々は大変な貧困に苦しんでいる。ミャンマー全土で水害の被害が発生しているときに、都市部のボランティア団体、公益団体、芸能人、ボランティア精神のある人々が支援グループを作り地方農村や辺境地域まで支援に行っている。ミャンマー国民の生活の状態をテレビではっきりと見ることができる。

地方農村に暮らす国民の生活は不十分なことがたくさんある。その不便を本当に解消するのは政府省庁とその傘下にある機関である。その機関や担当者が主導して解決にあたっている様子をはっきり見かけることはない。関係する省庁の大臣や副大臣が現場を訪問して、国民を激励したり、支援したりする様子を見ることはない。見かけることがないのは本当である。地方農村に暮らす農民たちは大臣や副大臣が直接その村を訪問すれば非常に喜ぶだろう。票を集めるための選挙運動のことを言

っているのではない。

前回の総選挙の前に政府の大臣や副大臣が地方農村に暮らす下層階級の国民と直接触れ合うことが不十分であった。下層階級の国民と触れ合ってこそ、その人々が必要としていることが理解できる。そうやってこそ、どのような政策を策定すべきか分かるのだ。

我が国ミャンマーは近代的に発展した国ではない。裕福な国でもない。貧困に直面し、遅れている国であるため、国を発展させるには、国の責任を負っている者は真心を込め、勤勉に努力しなければならない。現在の状態を考えれば、国を発展させるには亀の歩みのようなペースでは不十分である。馬が疾走するようなスピードで努力してこそ、先進国と肩を並べることができるのだ。

我が国には高レベルの製品、高レベルの事業が存在しないため、経済を発展させるには多くの弱点がある。しかし、国内に存在する天然資源は他の国より勝っている。正しい経済システムではなく、不十分で間違っている経済システムにより、我が国は私たちの周辺諸国である中国、タイ、シンガポール、そして日本を豊かにさせている。

1991年に私は中国を訪問した。当時の昆明はヤンゴン市ほど大きくはなかった。高層ビルもなかった。私の感覚ではタウンジーくらいの規模しかなかった。しかし、現在は非常に発展した都市になっている。私たちミャンマーの天然資源のおかげで発展したと言っても間違いではない。シュエリーやチェーガウンなどの都市は、昔は村レベルだった。現在、大都市になっている。これらの都市もミャンマーの天然資源のおかげで発展したのである。

タイは我が国の天然資源を盗み取り、密輸により莫大な利益を享受している。タイが裕福になりあらゆる分野で発展している一方で、我が国は相変わらず貧困に直面し、開発が遅れている。我が国にある外貨を掠め取られている現象として、病気になった人がタイの病院で治療を受けていることである。年を追うごとにその数は増え続けていて、外貨の流出は莫大な額になっている。この現象は簡単に見ることができる外貨の流出例である。

シンガポールは小国である。しかし、技術を発展させたこと、ツーリズム産業に力を入れて世界中の旅行社を引きつけていること、清潔な街づくりができたこと、近代的な病院を建設して高度な医療が提供できること、などにより他の国より有利な立場になっている。

我が国の国民は貧困に直面している。

現在の国民の生活状況

　日本もミャンマーにある外貨を掠め取っている国のひとつだ。なぜなら、ミャンマーは日本の中古車を必要以上に大量に輸入しており、ミャンマーにある外貨はほと

んど日本に流出してしまったからである。ミャンマー国内にあった外貨は底をつき、道路上には車があふれ大渋滞が起きているため、市民の移動、宗教活動、社会活動などにあらゆる問題が起きていることは誰も否定できないだろう。

クローニー（政府の取り巻き企業）というものはどの国にも存在する。自国の経済事業家が世界経済の中で確固とした地位を得るために政府は支援しなければならない。成功を収めた国内の経済事業家は国家や国民のために何らかの方法で貢献しなければならない。権力を持った人物やその家族に利益の分け前を与えるようなことはあってはならない。

宗教活動や社会活動に寄付すること、支援することが本当に必要とされている。

自分の国の経済事業家を政府が支援し育成しなければ、他の国の経済事業家がミャンマー経済の主導権を握り飲み込んでしまうだろう。そのようになれば、ミャンマーの経済事業家は外国の経済事業家に隷属してしまうだろう。だから、クロニになることを恐れてはならない。時の権力者に利益の分け前を与えないことだけが大切なのだ。

ミャンマー経済は国際経済の中に平等な立場で参加できるように努力しなければならない。そのように世界経済の中に参加してこそ、国の発展のために一助となるのである。これは私自身の個人的な意見、思想、願望である。

経済事業家が時の権力者に利益の分け前を与えないこと、権力者も経済事業家から分け前を要求しないことが重要であると記したい。

ミャンマーではこのようにゴミの中で生活している。
ミャンマー経済の実情を表している。

第2章　ミャンマーの国境周辺の事情

節　　　　内容
9　　　　ミャンマー国境地域
10　　　　国境付近のロヒンギャと名乗る者たち

第9節　ミャンマー国境地域

ミャンマー連邦国は近隣の5カ国と国境を接している。北部には中国（国境線の距離は1,380マイル）、東部にはラオス（国境線の距離は149マイル）、タイ（国境線の距離は1,310マイル）、西部にはバングラデシュ（陸上の国境線の距離は128.747マイル、海上の国境線の距離は39.8マイル）、インド（国境線の距離は832マイル）の5カ国と共存している。この5カ国のうち、タイを除く4カ国とは正確な国境線を設定しお互いに同意した国境線に関する条約に調印している。

1961年に中国と、1967年にインドと、1994年にバングラデシュと、1999年にラオスと、それぞれ2カ国間の条約に調印した。国境線をめぐる問題はこれまで一度も起きていない。これは、ミャンマーが外交政策において、すべての国と友好関係を結ぶこと、特に近隣諸国と親密な友好親善関係を築くことを目標とし、

1）　一国の国境地帯の安定と国家主権を双方が尊重すること。
2）　一国が相手国の領土に侵入し攻撃を行わないこと。
3）　一国が相手国の国内問題に介入しないこと。
4）　一国が相手国と同等な立場で双方に利益をもたらすこと。
5）　平和的に共存すること。

という平和共存5原則を堅持してきたからである。この平和共存5原則は独立以来、現在まで保持されている。

中国～ミャンマー国境地域の道路

　近隣国のタイとはミャンマーの独立以来、国境線の測量と設定に関する条約は締結されていない。

　しかし、ミャンマーが英国の植民地下にあった時代に英国政庁がタイとの間で国境に関する条約を3種類締結している。それらの条約は以下のとおりである。

　(1) 1868年、トーイン川とタンルイン川の合流点からパーチャン河口に至るまでの国境線に関する条約 (Convention regarding the Boundaries on the Mainland between the Kingdom of Siam and the British Province of Tenasserim 1868)

　(2) 1883年、ミャンマー～タイ境界を流れるタンルイン川を国境線とする条約 (Treaty between Her Majesty the Queen of the United Kingdom and His Majesty the Kingof Siam for the Prevention of Crime in the Territories of Chiangmai Lakon and Lampoonchi and for the Promotion of Commerce between British Burmah and the Territories 1883.)

　(3) 1894年、メーヤウン川とメコン川の合流点からカヤー州のタンルイン川とピャー川の合流点までを国境線とする条約 (Protocol of ratification of the Burma Siam Boundary Demarcation Survey Map 1894)

　英国植民地主義者たちは1853年に下ミャンマーを占領下に置いたが、その後かなり

の期間、タイとの国境条約は締結されなかった。

その後、タイ国境地域の森林で強盗団が林業局の職員を襲ったため、英国政庁が掃討作戦を行った際にタイ政府と国境紛争が発生した。それにより、国境線の確定について話し合いが始まった。1864年、英国政庁がタニンダリー管区総督（O Riley）をトップとする代表団がタイ国王の代表団と共同で国境線の測量作業を行った。

ミャンマー・中国国境ゲートのひとつ

中国・ミャンマー国境地域のカンパィティー道路

北部では、タウンイン川とタンルイン川の合流点から南部パーチャン河口までの国

境線を測量の上で確定した。作業が終了後の 1868 年 2 月 8 日に両国の代表者がタイのバンコクに集まり条約に調印した。

条約に含まれている事項を挙げると、タウンイン川から東側（右側）はタイの領土、西側（左側）は英国の領土であると定められている。タウンイン川の流れに関して国境線の定義についての記載はない。同様にパーチャン河口においてもタウンイン川と同じように川の流れに関して国境線の定義についての記載はない。タイ領のマリワン中州（アルワンクン中州）以外のパーチャン川にある中州については、英国領に近いほうを英国に、タイに近いほうをタイに帰属させることが記載されている。

パーチャン河口にある 5 つの中州のうち、ビクトリア、セイント・マシュー、バーズネスト（鳥の巣）の 3 つの中州は英国に帰属させ、サドル、デリスルの二つの中州はタイに帰属させ、地図にはその違いが表されている。それらの中州については 1868 年 4 月 30 日付の英国総督セント・ジョン・ローレンスがタイ国王に対して送付した書簡と地図（2 通）の中に記載されている。その地図の記載について 1868 年 7 月 3 日にバンコク市内においてタイの大臣 2 人と英国領事が確認している。

ミャンマーとタイの両国間で国境に関する紛争がしばしば起きている。タウンイン川の流れが変わったために、ミャワディ市近くのチークの森や、パルー村においても紛争が起きたことがある。また、タチレク近郊の小高い丘に関しても領有権をめぐり紛争が起きている。もう一つはルェーラン地域である。その地域では紛争が起きる可能性があるため、ミャンマー・タイ国境線を特に警戒しなければならないと歴史を振り返りここに記しておきたい。

そのルェーラン地域において、1995 年以降タイ国王軍が 34 の駐屯地を置いている。それらのうち、9 カ所はミャンマー・タイ国境線上にあり、残りの 25 カ所は明らかにミャンマーの領土に侵入している。これらの駐屯地が置かれている場所は、以前麻薬王のクンサーが率いる武装勢力 MTA が支配していた地域であった。MTA がミャンマー政府に対して投降した後、ミャンマー国軍が支配できなかったために、タイ国王軍が代わりに侵入して支配したのである。

2004 年以前、ミャンマー・タイ両国の代表者が出席する国境線確定に関する会議において、私たちの主張を何度もぶつけたことがある。2004 年に私が属する情報部が解散させられたため、その後の状況については知る由もない。

第 10 節　国境付近のロヒンギャと名乗る者たち

ミャンマーが独立を果たした 1948 年頃、ベンガル人たちはムージャヒッという名前の武装集団を形成し、ブーディーダウン、マウンドー、ヤテタウンの各郡において活動を開始していた。ミャンマー国軍はメーユ作戦、モウットン作戦（モンスーン

作戦）により掃討した。その成果があって 1957 年にベンガル人武装集団 604 人は武器を捨てて投降した。ザーポが主導する 20 人の武装集団は投降せず国軍に抵抗し続け、1964 年には 150 人の勢力に拡大した。当時から彼らはロヒンギャ・レベレーション・パーティー（Rohingya Leberaiton Party＝RLP）という名称を使用していた。テロリストのムージャヒッはロヒンギャという名前に変更し、使い始めたのである。この RLP の議長および軍事責任者としてゾーポ、副議長としてアブーシディッが就任し、武装集団を主導した。しかし、1974 年に国軍が掃討作戦を実施したため、RLP 武装集団はバングラデシュ領内に逃れた。

当時、ゾーポがいなくなり、新たなリーダーとして BA ゾーポ（議長）、ヌイスラン（副議長）がロヒンギャ・パトリオテック・フロント（Rohingya Patriotic Front）という名称で 1975 年から活動を開始した。1983 年、内部で意見の相違が発生し 10 月にヌイスランが主導するロヒンギャ・ロリダリティ・オーガナイゼーションが設立された。しかし、そのグループ内においても内部紛争が起き、1987 年にアラカン・ロヒンギャ・イスラミック・フロント(Arakan Rohingya Islamic Front)という名称の集団が分離した。彼らは「アラカン」とは全く関係がないのに、「アラカン」という名称を使い始めた。この武装集団はミャンマーにおいてしばしば侵入し活動したが、それは外国からの援助を得ることが第一の目的であった。

ブーディーダウンやマウンドーに居住するベンガル人は大人の男性一人に対して 4 人の女性を妻として持つことが習慣になっており、一世帯に大人、子供を含め家族の構成員が 20 人以上いるのが普通になっている。そのため、彼らの人口増加率は非常に高くブーディーダウン、マウンドー地域のベンガル人が占める割合は年々、増え続けている。この状況が続けば、ラカイン州に住む我々の民族と近い将来問題が起きることが容易に想像できる。

もう一つ注意すべきことがある。バングラデシュの国土の面積はミャンマーの 3 分の 1 に過ぎない。しかし、人口はミャンマーの 3 倍もある。彼らの人口過密の問題をミャンマーに拡散し、領土を拡張しようとしているのは事実と思われる。

ミャンマー・バングラデシュ国境を見ると、アグーモーからナッ川河口まで領海上で 40 マイル接している。ナッ川河口から 31 マイル地点まで川により 40 マイル接している。そして 31 マイル地点から 53 マイル地点まで陸上で 26.4 マイル接しており、全体で 106.3 マイル国境線がある。

この国境線を防衛すること、および不法出入国を防止するために 1992 年に国境地域入国監視部隊を設置し、不法な出入国をきちんと防止した。この部隊は国軍、人民警察、入国管理局、国内税務局の代表者により編成された。その部隊は 8 カ所の支部と 25 カ所の駐屯地を設営し、効果的に警備活動を行った。国軍情報部が主導して警備に当たったのは 2004 年までであった。そのため、2004 年以降のことは知る由

もない。現在、この国境地域入国監視部隊は廃止されていることが分かった。
この部隊が設立された後、人口の不均衡を正すために以下の村が新たに開発された。

1.　アウンダベェー
2.　トゥパンナカ
3.　ミンカマウン
4.　ミンガラーニュン
5.　ミャワディー
6.　ヤンアウンミィン
7.　ラウンドン
8.　イェーミェッタウン
9.　ナンダーダウン
10.　パーウッチャウン
11.　アウンミンガラー
12.　アウンゼーリャ
13.　ピャーダー
14.　ウェーターリー
15.　タイェーゴンバウン
16.　モーヤワディ
17.　ウーダウン
18.　チャウパンドゥ
19.　カインジー
20.　タラピー
21.　インジンミャイン
22.　ニャウンチャウン
23.　ガヤンチャウン

1941 年以降、ブーディーダウンやマウンドー地域には 129 の村々があったが、ラカイン民族とベンガル人との紛争が起き、ラカイン民族が住んでいた村が焼き払われたために 90 村しか残っていないことが分かった。このような事情があったために、ラカイン民族の勢力を発展させるために、国家法秩序回復委員会は上記の新しい村を開発したのである。しかし、上記の村々が現在存在しているのかどうかは知る由もない。国境地域の防衛と我が国の民族の安全のために、将来を見越して新しい村を作ったが、期待した通りになっていないことを残念に思う。
しかし、ラカイン州の将来のために、政府の責任のある者が実行すべきことを実行するように努力してもらいたいと思う。

第3章　人物

節　　　内容
11　　　私が尊敬する5人の人物
12　　　鄧小平国家主席が残した記録すべき言葉

第11節　私が尊敬する5人の人物

人には誰でもその人にとって尊敬する人物がいるものだ。尊敬するという意味には、自分自身がその人物に接していて尊敬する場合やその人物と直接話をすることにより自分自身が感動して尊敬する場合などがある。また、その人物が国のため、世界の人々のために能力を発揮したために尊敬する場合などがある。

尊敬する人物の中で、私がミャンマーで尊敬する人物と言えば「三十人の志士」全員ということになる。彼らはミャンマーの独立のために能力を発揮し、犠牲の精神で奮闘努力した人々である。それで、アウンサン将軍を中心とする三十人の志士全員を私は尊敬する。

中国の指導者、鄧小平国家主席

外国の尊敬する人物の中で1番に挙げたいのは中国の鄧小平国家主席である。

彼と直接話ができたわけではない。1985年、ミャンマーのトップに同行して中国を訪問する機会があった。ミャンマーと中国のトップ同士が話し合っているとき、私はその傍で話を聞くことができたのである。鄧小平国家主席が語った言葉の中で私がもっとも好きな言葉は、

「私は欧米の発展した国々に10万人の留学生を派遣する。その半分が中国に帰って来るだろうから、その知識人たちと中国を再建するのだ」「その知識人たちと国を発展させたら、それを見て外国に残った半分の留学生たちも帰国するはずだ」

というものである。彼の言葉は非常に価値がある。将来のことを見据えて決定し実行したことは非常に意義がある。その言葉により、私は彼のことを非常に尊敬している。

毛沢東国家主席と鄧小平国家主席

二人の中国指導者

シンガポールのリー・クワンユー元首相

私が尊敬する2番目の人物はシンガポールのリー・クワンユー元首相である。私はこの人物と3回直接会って話したことがある。当時、私は第1書記であった。リー・クワンユー元首相はまるで兄弟のように親しく話してくれた。内容は我が国にとって非常に価値のあるものだった。それは政治、経済、国際関係など広い範囲にわたった。しかし、彼が私に話してくれたこと、助言などを実行することができなかった。なぜかというと、私は国家元首ではなかったからだ。第1書記という役職にしか過ぎず、私の上には二人の指導者がいた。非常に価値のある話を有難く受け取った。しかし、その詳細を二人の指導者に話せなかった。もし、提案しても実行されるとは思わなかったからだ。私は早い段階で私の身に困難が起きると考えた。

タイ　プミポン国王

私が尊敬する3番目の人物はタイのプミポン国王である。タイ国王には3回表敬訪問したことがある。第1書記のときに2回、首相になってから1回である。表敬訪問した際、国王は国の指導者として心がけなければならないことを、親しみを込めてお話くださった。特にミャンマーはタイの隣国であること、両国の国境地域には多くの少数民族が暮らしていること、国境地域は開発が遅れており貧困に直面している多くの人々がいること、辺境地域や国境地域に暮らしている人々のことを大切に考えること、これらの地域の発展のことを常に考えるべきであること、国の指導者は地方農村に住む人々の生活や、辺境地域に住む少数民族の生活に憐れみを持ち、真剣になって必要なことを実行すべきであることなどをお話しくださった。

キンニュン第1書記がタイ国王を表敬訪問した際、ウインアウン外相も同行

Prime Minister General Khin Nyunt, heads of government of BIMST-EC member countries call on King of Thailand

YANGON, 31 July — Prime Minister of the Union of Myanmar General Khin Nyunt and heads of government of BIMST-EC member countries, who were in Thailand to attend the First BIMST-EC Summit, called on King of Thailand His Majesty Bhumibol Adulyadej at Klai Kangwon Palace in Hua Hin at 5.30 pm yesterday.

Present on the occasion were Prime Minister of the People's Republic of Bangladesh Begum Khaleda Zia, Prime Minister of Bhutan Lyonpo Jigmi Y Thinley, Prime Minister of the Republic of India Dr Manmohan Singh, Prime Minister of the Union of Myanmar General Khin Nyunt, Prime Minister of Nepal Mr Sher Bahadur Deuba, Prime Minister of the Democratic Socialist Republic of Sri Lanka Madame Chandrika Bandaranaike and Prime Minister of the Kingdom of Thailand Dr Thaksin Shinawatra.

MNA   *Prime Minister General Khin Nyunt greets King of Thailand His Majesty Bhumibol Adulyadej.* — MNA

タイ国王の話は人道的で、非常に価値のあるものとして受け取り、
私は国王を尊敬していた。

インドネシア　スハルト大統領

私が尊敬する 4 番目の人物はインドネシアのスハルト大統領である。私が第 1 書記の役職にあったときに 1 回表敬訪問で会ったことがある。当時、スハルト大統領は、ミャンマーに対して大変感謝していること、インドネシアが独立を果たしたのはミャンマーの独立が影響していること、ミャンマーの指導者を尊敬していること、ミャンマーに対してできるだけの協力をしたいこと、などの発言があった。大統領は私たちのために、視察したい地域と産業に対して視察する機会を与えてくださった。大統領は自分の国のために指導者らしく行動した。しかしながら大統領の取り巻きが欲望を抑えることができなかったために名誉を失墜した。彼の政治姿勢や実行した業績、努力に対して私は称賛する。彼は受けた恩を忘れず、恩返しをしたい気持ちが強い良い指導者であった。私が尊敬する人物の一人である。

国際連合　ウ・タント事務総長

私が尊敬する 5 番目の人物はウ・タント元国連事務総長である。私は本人と会ったことがない。生きた時代も異なる。しかし、彼の能力と努力は世界の中にあってミャンマー人として誇れる人物である。

当時、アメリカとソビエトという東西陣営による軍事的な緊張が高まっていたが、彼の賢明な奮闘努力により緊張を緩和させることができた。非常に特筆すべき彼の功績であると思う。もし、あの時、彼の努力がなかったら、今の時代両陣営による戦争が続き、今日のような繁栄した世界になっていなかった。そのため、私は彼をとても尊敬している。

第12節　鄧小平国家主席が残した記録すべき言葉

私が1985年頃に中国を訪問した際、国の指導者同士が話し合っている光景を思い出したので、そのことについて話したいと思う。当時の我が国の指導者はネーウイン議長で、議長の外遊の際、私は情報部の責任者であったため、警備担当として外遊に同行したのだ。当時、中国は改革を開始したときだった。改革は鄧小平国家主席が主導していた。

両国の首脳会談にも私は同行する機会を得たので、両首脳が発言した内容をよく覚えている。中国は経済開放路線を実践している時期であり、鄧小平国家主席の発言は非常に記憶すべき言葉が多かった。

ネーウイン議長が「貴国において改革が行われているのは非常に良いことだ。経済開放路線を進めているのも非常に良い。しかし、このように門戸開放すると、蚊も蠅も、良いものも悪いものも一気に入って来るのではないか。これらの蚊や蠅をどうやって追い払うのか知りたいものだ」と質問した。

その際、鄧小平国家主席が発した言葉は非常に良かった。彼の返事は「我が国が門戸開放したために蚊や蠅も、良いものも悪いものも混ざって入ってきているのは事実だ。それは想定していた通りだ。我が国に入ってきた蚊や蠅をどうやって追い払うのかは事前に準備してある。このことに関して何も憂慮することはない」と答えたのだ。答え方が非常に良かった。そして、「私は欧米諸国に留学生を10万人派遣する。すでに派遣している。その10万人のうち一部の者は中国に帰国しないだろう。10万人のうち半分が帰国したら、その半分と共に国を再建したい。我が国をその半分の5万人で発展させることができれば、残りの半分も帰国するだろう。私はこのようになると信じている」と語った。

どれだけ強固な信念なのだろう。非常に記憶すべき言葉であった。

鄧小平国家主席がかつて語った言葉の通り、今中国は発展し彼が期待していた通りになったことは否定できない。本当に実行すれば、本当に実現するということを言いたい。

もう一つ、重要なことがこの首脳会談で話し合われた。それはミャンマーに存在するビルマ共産党に対する中国の見解を尋ねたことだった。

この質問に関して、鄧小平国家主席の回答は「我が国はビルマ共産党に対して多大な協力を行ってきた。しかし、現在協力は中止している。ビルマ共産党の高齢者やその家族に対しては人道的な立場から支援している。しかし、これは限定的なものだ。ビルマ共産党に対して軍事的な協力は行っていない」と率直に答えたのを私は

しっかり記憶している。

この機会に記したいことはミャンマー国籍の多くの医者がアメリカやイギリスで活躍しているということだ。彼らは過去の様々な事情により外国に移住したのだ。しかし、現在は彼らも母国に帰国したいと考えているはずである。帰国できる人達が多くいれば、非常に良いことだと思う。

同時に我が国で活躍している医者と繋がりのあるアメリカやイギリス在住のミャンマー人の医者がミャンマー国内において共同で医療を行ったり、共同で研究会を行ったり、医科大学などで講演を行い知識や技術を共有できれば非常に良いと私は心から希望している。

第4章　国内の平和

節	内容
13	私と共に平和事業を行った人物 25 人

第 13 節　私と共に平和事業を行った人物 25 人

平和事業のために参加してくれた人たちを尊敬すると共に栄誉を称えたい。1989 年から 1999 年までの国家法秩序回復委員会、国家平和開発委員会の治世に、法律の枠内に入るために和平を結んだグループは 25 団体になった。
それらのグループを列挙する。

1. ウーポンチャーシン、ウーポンチャープーが主導するコーカン族のグループ
2. ウーチャウニーライン、ウーパウユーチャンが主導するワ族のグループ
3. ウーソーリン、ウーチーミィンが主導するシャン/アカ族のグループ
4. ウーセーティンが主導する SSA グループ
5. ウーザコンテインイエンが主導する KDA グループ（パンワー）
6. ウーマトゥーノーが主導するカチン NDA グループ（カウンカー）
7. ウーアウンカンティーが主導するパオ族のグループ（チャウタロン）
8. ウーアイモンが主導するパラウン族のグループ
9. ウーゲーバイェーピャンが主導するパダウン族のグループ
10. ウーゾーマインが主導するカチン KIO グループ
11. ウーサンダー、ウートゥンチョーが主導するカヤン族のグループ（ホーヤー/スィーヤー）
12. ウーシュエエー、ウータンソーナインが主導するカヤン族のグループ（ピンサウン）
13. ウーターカレーが主導するパオ族のグループ（ナウントー）
14. ウーアウンタンレー、ウークーテーブーペが主導する赤カレン族のグループ（ドータマジー）
15. ウーナインシュエチン、ウーナインティンが主導する新モン州党
16. ウーカンナが主導する SSNA シャン族のグループ
17. ウーリーイェーが主導する赤カレン KNPP（ナガー）のグループ
18. ウーソータムーエーが主導する KNU のグループ（チャイドン）
19. ウーソートゥンウーが主導するビルマ共産党（ラカイン）

20.　ウーアウンタィヒンが主導するモン族のグループ（ベィ地域）
21.　ウーソーペーリーモーの KNU タンダウンのグループ
22.　パドーアウンサンが主導する KNU の分離グループ
23.　ウーゴーリーが主導する KNPP の分離グループ（ホーヤー地域）
24.　ウーコージーが主導する KNU タンダウングループ
25.　ウーナインサイチャンのモン族のグループ（ベィ/ダウェー地域）

上記の和平を結んだグループのうち、18 の大きなグループしか以前触れなかったが、小さなグループと次々と和平を結んだため、合計で 25 のグループとなった。

上記の少数民族武装グループが法律の枠内に入り和平を結ぶために、両者の間を仲介した団体が何度も武装勢力が支配する地域に入り仲介したために和平が成功したのである。これらの団体は自分たちの利益を優先して行ったものではないことは明らかである。

1991 年 5 月、ラショー市内で第 1 書記のキンニュン少将が主導する代表者とアイモンが主導する PNO の代表団と握手。

1994年、KIAとの和平協議が成功した後、KIAの代表団と第1書記のキンニュン中将、
軍管区長のソールイン少将が親しく懇談

1994年、KIAと和平協議が終了した後、ミッチナー市内にある軍管区本部の会議室内で
ウーゾーマインと握手して挨拶。

1999 年 3 月 11 日に行われたシャン州北部特別区（1）コーカン地域で
和平成立 10 周年を記念する儀式に第 1 書記のキンニュン中将が
コーカングループの首領であるウーポンチャーシンと親しく挨拶をしているところ

国境地域・少数民族発展実現作業委員会の議長で首相のキンニュン大将が
シャン州北部特別区（7）のウーアイモン議長およびウーニーロン副議長に対して、
ヤンゴン市内コンミィンターゼーリャー公邸において面会。

ウーターカレーのグループが記念品を贈呈した際、キンニュン第1書記が受け取る。

新モン州党のウーナインシュエチン議長とウーナインティン副議長に対して、
キンニュン第1書記が出迎えて挨拶。

カチン州の伝統的な儀式に出席したキンニュン第1書記に対してKIAの首領である
ウーゾーマインと和平協議を仲介したサヤー・サブエジュンおよび
ウークンミャッが歓迎しているところ。

ラショー市内で少数民族グループの指導者たちと懇談。
ウーセーティン、ウーマドゥノー、ウーポンチャーシン。

ウーパゥユーチャンが主導するワ州統一機構のパンサン市に近い場所で
水力発電所の開所式にキンニュン第1書記が出席。

1999年4月26日に開催されたワ地域和平成立10周年記念の式典に
第1書記のキンニュン中将がワ民族の首領であるウーパゥユーチャンに対して
和平を祝う記念品を贈呈。

和平が成立した後、ウーサインリンが主導するシャン/アカ少数民族の代表団が
キンニュン第1書記と懇談。

パンサン市に到着した際、ワ族の首領であるウーパゥユーチャンと共に
第1書記のキンニュン中将が市民に対して挨拶。

いかなる利益も要求することはなかった。そのため、以下の平和事業の仲介者に対して記録しその栄誉を称えたい。

1. コーカン/ワおよびシャン/アカ少数民族の地域で平和事業の仲介者になったウーローシッハン、ウーローシッミン
2. カチン州 KIO グループと連絡を取り和平の仲介をしたウーラワン（元大使）、ウーザブェジュン（宗教指導者）、ウークンミャッ
3. パオ族やパダウン族の支配する地域ではウーサンアウンが和平の仲介者として活躍した。
4. カヤー州では高僧のティッショソーテーヨーパーモーが和平のために昼夜を問わず奮闘努力した。
5. KNU が支配するジャングルの中にある拠点に 9 回にわたりおとずれ、大変な苦労をしながら和平事業に取り組んだ人物はウーエーソーミィン、ウートゥンアウンチェイン、ウーソーイッチェッ、ウーハンシンダドー、ウーソーマーゲージーなどであった。
6. モン州新党と連絡を取りながら和平事業に取り組んだのはウークンミャッ、ナインペーティン、ナインキンマウンなどであった。

首相のキンニュン大将夫妻、同行者と共にムェドー・カクー遺跡のパゴダ群を参拝した後、チャウタロン地域を支配するパオ族の首領であるウーアウンカンティーと話が弾んでいる様子。

特筆すべきことはパヤートンスー地域で仏教の布教活動を行っていた生前のウインガ師の願望も和平を必ず実現させることであり、モン族の指導者に対してこのこと

を常に説いていたことは特別なことであった。

私がここに記した人物のリストに含まれなかった和平のために貢献した人物がいると思われる。もし、いるとすればお詫びしたいと思う。このリストに記された人物の精神は非常に崇高である。国を平和にすること、国民の生活を平穏にすること、国が平和になってこそ国民の社会生活や経済事業が安定し発展することを期待して奮闘努力したことは非常に誇りに思うとここに書き記す。

平和事業に貢献した人物の一部はすでに亡くなっているが、彼らが行った国の平和事業、国民の生活を平穏にすることを目指した活動を実行した功績やこれらの人物の奮闘努力に対して栄誉を称えたいと思う。

第5章　著者の見解

節	内容
14	殉職者と30人の志士の遺族に手厚い保護を

第14節　殉職者と30人の志士の遺族に手厚い保護を

ミャンマーの第1期を築いたアノーヤター王は彼自身の強大な権威により国を統一したと言えるが、王様には多くの勇者がいた。チャンジッター、ガトゥエユー、ガロンレッペー、ニャウンウーピーなどのような勇者がいなければ、ミャンマー全体を統一することは非常に困難であった。団結のある統一国家を築くことは素質、能力に優れ、頭脳明晰な人物や忠誠心のある仲間たちが一つになり協力して行ったことが認められる。

ミャンマーの第2期を築いたバインナウン王も、第3期を築いたアラウンパヤー王（ウーアウンゼーリャ）も、王を支える頭脳明晰で忠誠心のある仲間たちや勇者たちが奮闘努力した結果、ミャンマーという国家を作り上げたことは歴史の中で明らかである。

コンバウン時代の後期、ミャンマー王の伝統的な慣習により多くの王妃や妾を持ち、多くの子どもをもうけることができたため、王様の地位を狙う王子が多くなり、宮中では権力抗争が激しくなった。グループを作りグループ間で権力を争ったあげく、英国の植民地下に置かれる事態となったのは周知のとおりである。英国植民地下におかれたため、英国が主人、ミャンマーが奴隷という構造が100年以上も続いた。

英国帝国主義者はミャンマーに存在する地上や地下の資源を取れるだけ取り尽くし、甘い汁を吸い、鯉の油で鯉を揚げるが如く長期間ミャンマーを奴隷化することに努力した。

この時代、第二次世界大戦が勃発し、ミャンマーの愛国主義者たちは政治結社「ドゥ・バマ・アシーアヨン（我らビルマ人連盟）」を設立し、独立闘争を行うために努力した。タキン（主人）が主導するドゥ・バマ・アシーアヨン（我らビルマ人連盟）は、独立を勝ち得ることを目標とし、どこかの外国から協力を得るために努力している過程で、以下のように三十人の志士が誕生した。

1. タキン・アウンサン（ボーテーザ）
2. タキン・シューマウン（ボーネーウイン）
3. タキン・チョーセイン（ボーモーニョー）
4. タキン・キンマウンウー（ボーターヤー）
5. タキン・グェー（ボーソーアウン）
6. タキン・ソールイン（ボーミンガウン）
7. タキン・サンミャ（ボータゥテイン）
8. タキン・サンライン（ボーアウン）
9. タキン・ソー（ボーミィンアウン）
10. コー・サウン（ボーテインウイン）
11. タキン・ティンエー（ボーポウンミィン）
12. タキン・トゥンキン（ボーミィンスェー）
13. コー・トゥンシェイン（ボーヤンナイン）
14. タキン・トゥンシュエー（ボーリンヨウン）
15. タキン・トゥンルイン（ボーバラ）
16. タキン・トゥンオゥッ
17. タキン・バジャン（ボーラヤウン）
18. タキン・マウンマウン（ボーニャナ）
19. コー・シュエー（ボーチョーゾー）
20. タキン・ラ（ボーミンヤウン）
21. タキン・ラペー（ボーラチョー）
22. コー・ラマウン（ボーゼーリャ）
23. タキン・ラミャイン（ボーヤンアウン）
24. タキン・ティッ（ボーソーナウン）
25. タキン・タンニュン（ボージンヨー）
26. タキン・タンティン（1）（ボータンティン）
27. タキン・タンティン（2）（ボーミャディン）
28. タキン・エーマウン（ボーモー）
29. タキン・アウンタン（ボーサチャー）
30. コー・アウンテイン（ボーイェートゥッ）

の30人である。

これら30人の志士はミャンマー独立のために武器を持って戦いに参加できるよう
に、グループごとに日本行きの貨物船に乗り込み、密かに国外に脱出した。

1940年8月、日本に向けて脱出し日本統治下の海南島に1941年4月に到着した。
メンバー全員が揃うのを待って軍事教練が開始された。
1941年12月、タイのバンコクにおいて三十人の志士たちはミャンマー独立のため

に腕の血で血判状に署名しお互いの連帯を確認し誓い合い、ビルマ独立義勇軍（BIA）[3]を創設した。その後、ビルマ独立義勇軍はモーラミャイン、ダウェーを経由してミャンマー国内に進軍し、英国軍との戦いを開始した。この戦闘においてアウンサン将軍は、副統帥として軍を主導し、統帥には日本軍のモージョー大佐（鈴木大佐）が就任した。

ビルマ独立義勇軍と日本軍はヤンゴン市を占領した後、英国軍をミャンマー国内から排除するためにミャンマー内陸、チンドゥイン川を渡り、カレー、タムー、ガボー盆地で戦闘を続け、連合国軍をインドのインパールとコヒマまで退却させることができた。しかし、英国軍はインパールの平原で強固な防衛線を築くことができた。

このコヒマやインパールで英国軍は援助部隊を増強し、食糧や武器弾薬などの補給を完全にすることができたが、日本軍側は部隊を増強できず、食糧や武器弾薬の補給もまったくなかったため、インパールの戦いでは日本軍が大敗しミャンマーに退却したのである。

東南アジアにおける戦況で連合国軍が有利になったこと、日本軍がミャンマー国民を虐待したこと、ミャンマー国民の日本に対する嫌悪感が高まったこと、アメリカが日本に原爆を投下したこと、などにより日本軍は無条件降伏するに至った。

本当は、日本人は精神的に強かったが、日本軍を統率する管理者と補給に失敗したためこの戦争で敗戦することになった。

1945 年 5 月 7 日、西部戦線においてドイツが無条件降伏したため第二次世界大戦は終了した。

しかし、アウンサン将軍が主導する三十人の志士の目標である完全独立という夢は実現していない。ガンディー協定により将校 200 人、軍人 5,000 人によるビルマ国軍の創設を英国政庁が許可したが、独立は認めなかった。時間稼ぎをしていることが見て取れた。

1946 年 11 月、ミャンマーの政治団体が英国政府に対して 1 年以内にミャンマーの独立を認めるように要求したところ、1946 年 12 月に英国議会がアウンサン将軍をトップとする代表団と交渉したいとロンドンに招待した。1947 年 1 月 27 日、アウンサン・アトリー協定に調印した。1947 年 2 月 12 日に独立を得るために少数民族の代表者らとピンロン協定に調印を行った。1947 年 7 月 19 日、以下の国の指導者

---

[3] BIA: Burma Independece Army の略

たちである、

1. アウンサン将軍
2. タキン・ミャ
3. ウー・バウイン
4. ウー・ヤーザッ
5. マインプン藩主サッサントゥン
6. ディードゥッウーバチョー
7. マンバカイン
8. ウーオウンマウン
9. イェーボーコートゥエー

この9人はヤンゴン市内旧英国政庁において悪意を持つ者によって殺害された。こ
れらの人物全員は殉職者である。ガロン・ウーソーの命令により一部の犯罪者たち
が暗殺を実行したとの情報があるが、当時ミャンマーは独立を獲得していなかった。
英国政府にとって重要な時期であったため、英国政府または英国議会の差し金や関
与があったのではないかとの疑念を持たずにはいられない。外国の大国を信頼する
のは困難であるため疑念が残った。

私たちが尊敬すべき、ミャンマーの独立を勝ち得るため私利私欲を捨てて国家のた
めに犠牲になったアウンサン将軍が主導する三十人の志士と独立のために犠牲になっ
った殉職者のことを永遠に忘れてはならない。ミャンマーのすべての国民は同じ認
識であると思う。

しかし、殉職者や三十人の志士は現在一人も生存していない。殉職者や三十人の志
士の息子や娘、孫や曾孫は生存している。その中で一部の人たちは生活に困窮して
いる人がいる。生活に困窮している人たちに対して政府または団体が経済的な支援
を行うべきであると思う。

三十人の志士の中には自分の政治的な信念により自分の信じた道を選んで歩んだ人
がいたが、ミャンマー独立のために奮闘努力したことは共通の信念があったためで
あり、これらのすべての人物は同じ血を飲んだ勇者であると認識しなければならな
い。これらの人物の遺族に対しても同志として疑念を抱くことなく生活を保護しな
ければならないとここに記すものである。

第6章　麻薬について

節　　　内容
15　　　国民から切り離すことができない麻薬の問題

第15節　国民から切り離すことができない麻薬の問題

ミャンマーにおいてケシ栽培の習慣は英国植民地時代から始まったものである。英国帝国主義者はシャン州とカチン州の一部の地域で地元の少数民族の人々に対してケシ栽培を正式に許可しただけでなく、税金の徴収のためにケシの売買を正式に許可したのである。アヘンが吸引できる部屋に対して徴税する権利を与え、アヘン吸引者は登録して正式に使用が許可された。

シャン州のタンルイン川の東側に栽培されたケシを帝国主義者の政府自身が運び出し販売に関わっていた。ミャンマー全国にアヘンを販売する店が200店以上開店し、アヘンの利用者は登録し販売していた。

このように帝国主義者の政府がケシの栽培やアヘンの販売を許可したのは徴税のためだけではない。ミャンマー国民の健康、社会生活や精神面を衰えさせることを目的に行ったのである。つまり、ミャンマー国民すべてを愚民化することを目的として周到に行われたものだと言える。

1992年2月、特別区（2）「ワ」地域バヒン村において行われたケシ畑を焼き払う式典にキンニュン第1書記が出席。

麻薬を焼却する式典に出席したキンニュン第1書記、大臣、外国大使、武官、
各国の記者団。

ヤンゴン市内に建設された麻薬撲滅記念博物館。

　私たちミャンマー国民は、自分たちの王様を敬愛し、品位を保ちながら暮らしてき
た人々であり、ずっと昔からケシを栽培するという習慣はなかった。アヘンは紀元
前4千年ごろヨーロッパ大陸の地中海沿岸地域で薬草として食され、16世紀に海洋
交通が発達すると共にヨーロッパの人々がアジア諸国を訪れるようになった。これ
により交易が盛んになるにつれアヘンが持ち込まれるようになった。従って、アヘ

ンという物質とアヘンという言葉はミャンマーに元々あったものではないことが分かる。植民地政府が軍事的目的や経済的目的のために持ち込んだ悪魔のような物品であると確実に言うことができる。

ミャンマー国民はアヘン、発酵酒、生酒、蒸留酒といった人の精神に影響を与える5種類の物質について宗教的にも、社会的にも、文化や習慣上、これらを忌避しなければならないことは皆が承知している。

昔のミャンマーの各時代では人の精神に影響を与える5種類の物質の使用を禁止しただけでなく規則に違反した者には死刑など厳罰を与え、効果的に排除していた。

しかし、英国植民地下に入るとケシの栽培、アヘンの製造、流通販売および服用が正式に許可されたため、すべてのミャンマー国民を愚民化する目的がはっきりと見て取れた。英国帝国主義者はミャンマーだけにこのような政策を行ったのではない。中国にも同じような政策を行ったためにアヘン戦争が勃発している。

ミャンマーが独立した後、ケシの栽培やアヘンの吸引、服用を撲滅するために法律や施行細則、命令、通達などを出して禁止を呼びかけたが、成功しなかった。

シャン州（北部）ラショー市内においてケシ栽培農家が放棄したケシの種、
没収された麻薬類、化学物質などを焼却する式典において、
ケシのつぼみが大量に積まれている様子。

シャン州東部特別区（4）のマインラー市内において
1997年4月22日に麻薬撲滅記念博物館の開館式を行った。

このような状態になったのは効果的な撲滅事業ができなかったこと、交通や通信が
不便な地域で自由にケシの栽培、アヘンの製造、売買ができるチャンスがあったた
めと言える。

1968年ごろ、ジャングルで地下活動しているビルマ共産党はシュエリー盆地征服計
画を策定し、ミャンマーの北東部に進出した後、コーカン地域やワ族が支配する地
域、チャイントン北部と東部地域に次第に勢力を拡大して行った。1970年以降、中
国が支援を中止し、中国の援助がなくなったため、ビルマ共産党の主な経済事業と
してアヘンの製造、流通、販売事業を行ったことが分かっている。

また、一部の外国による秘密組織の支援や技術協力により一部の少数民族武装勢力
による麻薬や武器弾薬の密輸入が非合法に行われ事態が複雑化した。

1988年以降、少数民族武装勢力の多くは次々と政府と和平を結び法律の枠内に入っ
た。その後、少数民族武装勢力が支配している地域は政府の協力により麻薬撲滅の
事業が行われている。

麻薬撲滅の式典

政府も国境地域や辺境地域に住む少数民族の生活水準の向上のため、中央委員会と作業委員会を設置し、少数民族が住む地域の発展事業を行う一方で、麻薬撲滅の事業を同時に行ったため、その事業はある程度成功したと言える。

麻薬撲滅博物館開館式典で第1書記が演説し、マインラー地域を麻薬撲滅地帯と宣言

同時に国境地域と少数民族発展省を設置し、少数民族の生活水準の向上のために効果的に事業を行うことができたこと、麻薬撲滅中央委員会を設置したことなどによ

り、麻薬撲滅事業は非常に効果的に行うことができたと言える。

1997 年 4 月 22 日、マインラー地域で麻薬撲滅宣言を発表した上で、麻薬撲滅記念博物館を開館することができた。

2000 年 12 月 27 日、コーカン地域でも麻薬撲滅記念博物館を開館し、市民に麻薬に関する知識を広めることができた。

このように麻薬撲滅事業が成功したのを機に、この勢いをさらに強めるために 1999 年度から麻薬撲滅 15 年計画を策定し実行に移した。

この 15 年という期間を設けたことは、ミャンマー全国で麻薬を完全に撲滅することを目的に設定した期間で、国内の人口や人員の数を勘案して設定したものであり、もし国際社会からの協力があればこの期間をさらに短縮でき、早期に目標を達成することができると期待している。

政府も地域の発展の基礎となる灌漑用運河、ダム、道路、橋、通信施設、エネルギーなどのインフラ整備を行うとともに、学校、病院、薬局、図書館、中継放送局など社会生活に不可欠なインフラを拡充させてきた。

特に、コーカン地域ではケシ代替作物としてソバの栽培を政府が注力し奨励したため、成功を収めることができた。このソバの栽培事業は日本政府の協力により 1997 年からコーカン地域ターシュエタン村の近くで試験栽培を行い成功したため、作付面積を拡張し、種苗事業も効果的に行い、年々作付面積が広がっている。その結果、2000 年度にはソバの作付面積は 3,260 エーカーまで拡張できた。

2004 年 6 月 26 日、押収した麻薬の焼却式に出席した外交官らに、
首相であるキンニュン大将があいさつ

ソバの他にはサトウキビ、豆、トウモロコシ、ゴム、米などの作物も代替作物として栽培できるように熟練した農業専門家を派遣してきちんと栽培できるようにした。

ケシ代替作物としてソバ、サトウキビ、トウモロコシ、ゴム、米などの他、マインラー地域においてマンゴー、ミカン、ライチーなどの果樹の栽培も行ったため、地元の農民にとって収入を得ることができた。ワ地域では茶、コーヒー豆、ライチーなどの樹木を栽培できるように政策を実行した。もっとも成功したのはゴムの栽培であった。そのため、谷間の山肌一面にわたりゴムの木が植えられているのが見られるため、大変嬉しく思う。

その時代は欧米諸国がミャンマーに対して経済制裁を実施している時代だったので、ミャンマーの麻薬撲滅事業に関心を示さず支援もまったく得られなかった。しかし、ミャンマー政府は1993年に1回、1995年に1回、1997年に1回と3回にわたり米国の麻薬捜査局の視察を受け入れ、ケシ畑の面積の調査を自由に行う許可を与えた。

国際社会と協調し麻薬撲滅事業を実施

ミャンマーは1963年から「国連麻薬に関する単一条約（1961年）」の加盟国となっている。1990年にニューヨークで行われた第17回国連総会において決定された決議により麻薬撲滅事業だけでなく近隣諸国と共同で麻薬撲滅事業を行ってきた。ミャンマー連邦国は1991年6月、「麻薬および向精神薬の不正取引の防止に関する国際連合条約（1988年）」に批准した。この条約に基づき、ミャンマー国内で1993年に麻薬および向精神薬に関する法律および施行細則を制定した。6カ国間の覚書である「麻薬の不正取引および乱用を防止する覚書」などの国際協調事業に1995年に国連薬物統制計画（UNDCP）の代表者と署名した。

1996年、新たに条約に批准した国々の代表者と国連開発計画(UNDP)、国連薬物統制計画(UNDCP)の代表者と地域ごとに行う事業を行った。それは薬物を製造する過程で必要とされる化学物質の統制と東アジア高原地域における麻薬の不正利用の削減に関する条約に署名したことである。

ミャンマーは麻薬撲滅事業を自国だけでなく国際機関や近隣諸国と共同で行い、ミャンマー国民も積極的に参加したため、ある程度成功を収めることができたと言えるだろう。

しかし、現在は、麻薬防止、撲滅事業は手薄になっているのだろうか。ミャンマー全国津々浦々、どこへ行っても麻薬が蔓延しているかのようだ。麻薬の防止、撲滅事業を急ピッチで進める必要がある。現代は伝統文化の保護が不十分な時代であるため、若者の間に麻薬が広がらないように政府の責任ある人達だけでなく国民すべ

てが責任感を持って協力し、麻薬防止、撲滅事業に参画していかなければならない。国民の間だけでなく学校においても教育周知活動をこれまでよりもっと広く行うべきであるとここに記すものである。

麻薬撲滅事業を国際社会と共同で行う

私が国軍情報部に配属された 1983 年以来、米国麻薬取締局(US DEA)と連携した。当時、麻薬撲滅事業を目的とするモーヘイン作戦において必要な情報を在ミャンマー米国大使館の麻薬取締局担当者から得ていた。

1988 年になると、米国大使館の担当者であるグレッグ・コルニーロフ氏、航空写真の撮影に長けている米国中央情報局(CIA)のスティーブ・アラーズと親しい関係を築き、麻薬撲滅に関する重要な情報を得ていた。

1990 年に第 17 回国連麻薬防止特別会議が米国ニューヨーク市内の国連本部において行われ、外務省のオウンジョー副大臣と国軍情報部のチョーテイン少佐が会議に出席した。

同じく 1990 年にチョーテイン中佐をトップとする代表団が日本の東京都で開催された麻薬防止に関する東京サミットに出席した。この会議には国連薬物乱用統制基金(UNFDAC)の代表者のほか、G7 の国々やオーストラリアの代表者らと会議の外でミャンマーにおける薬物撲滅計画について説明することができた。

1990 年 6 月以降、毎年世界薬物撲滅デーに、押収した麻薬類を焼却する式典を米国大使館の米国麻薬取締局(US DEA)の担当者と共同で行ってきた。

1992 年、米国議会の上院議員であり、議会内の麻薬撲滅委員会の議長であるチャールズ・ランゲル氏を代表とする議員グループ 3 人がミャンマーを訪問し国境地域で行われた麻薬焼却の式典に出席した。

1994 年からオーストリアのウイーン市内にある国連事務所において毎年開催されている薬物禁止会議にチョーテイン大佐をトップとする代表団が毎年出席した。2004 年まで 8 回にわたり出席し、ミャンマーの麻薬撲滅事業を十分に説明した。

2002 年、ミャンマー・タイ・中国・インドが参加する 4 カ国麻薬撲滅合同会議に内務省のティンライン大臣をトップとし、チョーテイン准将を委員とする代表団が出席した。会議はタイのバンコク市内において行われ、外国メディアからの質問に十分な対応を行っただけでなく、外国メディアに対してタチレク地域に入域し取材する権利を与えた。

押収された麻薬類や薬物をヤンゴン市内で破壊している様子。

2004年まで、ミャンマーにおける麻薬撲滅事業を内務省、ミャンマー警察、国軍情報部が共同で真剣に実行したところ、ジャングルで地下活動を行っている少数民族武装勢力を含む国民が全員参加で行ったため、ある程度の成功を収めることができた。

私たちは適宜、ケシ畑の破壊、アヘン製造工場の摘発および破壊、アヘンの密貿易商人の摘発および逮捕、アヘン製造に必要な化学物質の摘発および破壊、少数民族武装勢力と話し合いを行いケシ畑フリーゾーンの宣言などを行ってきた。

また、ミャンマー警察、女性団体、ミャンマー母子協会などが学校や団体の中で麻薬撲滅に関する話し合いや教育を行ったため、2004年までに顕著な成功を収めることができた。この勢いを継続し、政府の責任のある人たちが引き続き努力し、すべての国民も全員参加で学校や地区、すべての地方農村、全国のネットワークが一致団結して参加すべきことであると助言したいと思う。

第7章　ビルマ共産党との闘い

節	内容
16	ビルマ共産党の残党に注意せよ
17	ビルマ共産党の影響下から解放された少数民族

第16節　ビルマ共産党の残党に注意せよ

1967年頃、ミャンマーと中国の外交関係が正常でなかったことを利用して中国からやって来たタキン・バテインティンが主導するビルマ共産党中央委員会は、ビルマ共産党北東地域を最初に築いた。1968年1月、彼らは国軍のモンコー駐屯地に攻撃をかけ占領し、パウンサイン、チューゴッッ（パンサイン）地域に侵入し活動を開始した。

第1段階では、コーカン地域の指導者であるジンミーヤンの後継者であるウーポンチャーシン、ウーポンチャープー、ウーヤンモーシャン、ウーヤンモーアン、ウーペーチャウチャン、ウーリーチョンチェインを仲間に取り込み、コーカン地域全体をその支配下に置いた。ウーポンチャーシンには北東軍事地域長、中央軍事委員会の委員、中央委員会の補欠委員としての地位を与えた。そのため、中央委員会の委員であるティンイー（別名）ヤンクワンと個人的にそりが合わなかったことが分かった。

バゴー山脈に拠点を置くビルマ共産党中央のタキン・タントゥン、タキン・ジン、タキン・チッの亡き後、タキン・バテインティンをトップとするビルマ共産党中央は北東軍事地域の近くに移転して再建した。ビルマ共産党がコーカン地域をその影響下においた後、「ワ」地域の指導者たちを仲間に取り込むことに成功し、ビルマ共産党は北東地域に強固な拠点を再び築くことができた。

ビルマ共産党はシャン州北部のコーカン地域と「ワ」地域をその支配下に置いた後、党本部を中国との国境を流れるナンカ川の傍にあるパンサンに置き、中国から十分な支援を受けてミャンマー国軍と激しい戦闘を繰り広げた。ビルマ共産党の戦闘員のほとんどはコーカン地域と「ワ」地域の地元民であり、兵力は3,000〜4,000人を組織できた。

ミャンマー国軍との大きな戦闘は、ティーマーモンボーの戦いやマンヨンモーの戦いであり、ビルマ共産党軍の兵力は約3,000人であった。

このようにビルマ共産党は国境地域に拠点を置き、地元の少数民族を懐柔して仲間に取り込み勢力を伸ばした。その後、国境地域を中心に解放区を宣言し、さらに支配地を拡張し戦闘態勢を整えた。そして次第に内陸に支配地を拡張して行った。彼らは、戦闘を拡大し支配地を広げ、解放区を宣言するという戦略を取った。このように地元の少数民族の人々を取り込み共産党の思想を広げていった。

ビルマ共産党の戦力が拡大し強固な戦闘態勢が整っていたため、1970年にビルマ共産党北東地域を掃討すべく、セインミャ大佐が主導する作戦部隊をラショー市内に設置しビルマ共産党掃討作戦を決行した。

ミャンマー国軍とビルマ共産党軍の間で起きた戦闘は非常に激しいもので、双方に死傷者が多く発生した。犠牲になったのはいずれもミャンマー国民である。国民同士で血統の違いだけによりこのような惨禍が起きたのである。

われわれ国民同士の戦闘であるモンボーの戦い、モンシーナーレーの戦い、クンロン40日戦争はコーカン地域と「ワ」地域を含むタンルイン川の東側を解放区とビルマ共産党が宣言するために奇襲作戦に打って出てきたものである。ビルマ共産党は軍事的にも政治的にも優位に立てるように奮闘した。

ビルマ共産党はシャン、パオ、アカの少数民族を仲間として取り込み、タンルイン川東側を解放区として宣言し、さらにはシャン州全体を解放区として宣言できるように奮闘した。そのため、ビルマ共産党はシャン州北部と東部の地域における軍事態勢の強化と人員の組織化を急務の課題として取り組んだ。ビルマ共産党の勢力はチャイントンの北側にあるマインマ、マインラー地域に広がり、マインヤウンの戦い、マインヤン地域の戦いなどを仕掛けただけでなく、シュエリー盆地の地域からバトゥー市近くのインドーチャウグー地域を通り、インレー地域、パオ族の地域まで勢力を広げたのである。

ビルマ共産党は1969年から1970年にかけてコーカン地域と「ワ」地域に侵入し支配して拠点を置いた。クンロン、ホーパン、パンロン地域以外のコーカン地域のすべて、「ワ」地域の南部と北部のすべてを占領し、ミャンマーの内陸部に進出、侵入を企んだ。

ビルマ共産党軍の活動の中心地はモーパ地域である。モーパ地域はビルマ共産党本部を防衛するために本部があるパンサンの町を見下ろす山の上にある。モーパ地域の山脈からミャンマー内陸部に進出すると脅迫を行った。このモーパ地域からチャイントン、マインビン地域、タンヤン、マインシュー、レーチャーを経由してシャン州南部のすべての地域に進出できる中心地域である。そのため、ビルマ共産党は

ヤウンオー、パンカー、スッオーと 6,000 地点、6,028 地点において強固な拠点を築いた。

1979 年 12 月に第 77 軽歩兵師団本部の大隊によりモーパ地域を奪還するため、攻撃作戦を行ったところ、6,028 地点の拠点を奪うために激しい戦闘が行われた末、敵軍の強固な拠点を占領することができた。モーハ地域における軍事作戦が成功し、ビルマ共産党軍の勢力を弱めることになった。

1988 年〜1989 年、ビルマ共産党の支配下から解放されるために努力したコーカン族、ワ族、これに続くシャン、パオ、アカ、カチンの各民族の平和事業の努力により、ビルマ共産党の幹部は中国国内に逃れ潜伏した。戦闘に参加する兵士がまったくいなくなり、政治組織の中央委員会のみ残ったビルマ共産党の幹部は高齢衰弱し、だんだんと亡くなる者が相次いだ。

ビルマ共産党は現在、組織としては存在していないことは確実である。しかし、ビルマ共産党の思想や考え方を信奉する者、以前から都市部に派遣して UG の形で都市にひっそりと暮らしている者はまだ存在しているだろう。また、1988 年の民主化運動の時代、逮捕され服役した後、刑期が満了したため釈放されたビルマ共産党 UG の残党も都市部の各階層に潜伏している。

そのため、ビルマ共産党という組織ははっきりと現れないが、ビルマ共産党の思想を持っている者、ビルマ共産党が育成したビルマ共産党 UG の残党や新しい世代もいるだろう。外国に影響され、裏切り者は粛清されるビルマ共産党の党方針のせいで、次第に勢力が衰退したが、新しい形で国民の中にじわじわと浸透している。

現在、欧米スタイルの皮をかぶり、新奇な政治や経済に関する思想、新しいスタイルの組織化によりビルマ共産党の思想が広まる可能性がある。ミャンマー経済が遅れているために貧困が広まっていること、あらゆる面で遅れていることを利用して貧困層の国民や地方農村に住む労働者や農民、取り込みやすい若者をターゲットにビルマ共産党の残党が思想を広めて影響下に置く可能性がある。しかし、いかなる主義思想を持っていようが、国家に対して真心を持ち、国を発展させ国民の生活水準の向上、国の平和、全民族の団結を目指す信念を持ち、公正、正直な真心でミャンマーにふさわしい民主主義を促進するいかなる組織に対しても応援したいと思う。

国を破壊に導く政党は必要ないことは言うまでもない。

私たち国民が経験した苦い経験、酷い体験を教訓として、我が国にふさわしい民主主義の制度を基盤として、正しい発展への道に乗るよう国民すべてが一致協力して努力するよう希望する。

ミャンマーが第1に取り組むべきことは貧困のスパイラルから脱却することである。ミャンマーには十分な製造業がない。近隣諸国のタイ、マレーシア、シンガポールに合法的であれ、非合法的な手段であれ、出稼ぎ労働している低所得者層の労働者の多くは奴隷労働させられている。

そのために、職場において不法に虐待されているのに耐えて家族の生活のために努力しているのである。わが国において多くの製造業が振興するように希望する。

第17節　ビルマ共産党の影響下から解放された少数民族

私が第1書記の職務を担っていた期間中、少数民族武装勢力との和平協議が初めて開始されたのはシャン州においてだった。かつて強大な勢力を誇ったビルマ共産党はバゴー山脈からミャンマー北東地域と呼ばれるシャン州に移動し、ビルマ共産党中央を再建した。

1968年1月1日、ミャンマー国軍のモンコー駐屯地に対して、コーカン族やワ族を自軍に取り込んだビルマ共産党軍が攻め込み、駐屯地を占領した。ビルマ共産党のシャン州における活動が開始されたのである。当時、中国に滞在していたビルマ共産党のトップであるタキン・バテインティンが主導し、ビルマ共産党北東軍事地域を宣言し、シャン州を拠点として権力を振るった。

ビルマ共産党はシャン州内に暮らしているシャン、ワ、コーカン、パオ、パラウン、アカなどの少数民族を取り込み、シャン州を自由解放区として宣言するために、ビルマ共産党が主導したが、彼らの作戦は1988年に瓦解したのである。

シャン、パオ、パラウンの少数民族は仏教徒であり信仰心が非常に深い。自分たちの民族の伝統文化や慣習を非常に重んじている。コーカン民族は中国国境地域に暮らしており、ずっと昔に中国から移住して暮らしている中国系の民族であるが、ミャンマーの少数民族として自ら認めている。宗教、主義、伝統的な慣習は中国のものと大変似ている。

ワ民族も中国国境地域に定住しているが、中国系の民族ではない。ビルマ族の中のビルマ族である、ミャンマー内陸地域のビルマ人そのものである。風貌はビルマ人に非常に似ている。私は彼らと親しく交流していたため、彼らの家族とも面会していたので、彼らが中国系の民族ではないことが明らかだった。彼らは以前、信仰する宗教はなかったようだ。私たちと和平を結んだ後、信仰するための仏像をたくさん寄付したため、これが広がり一部の人たちは仏教徒になったようである。人と人が交流する際、生活スタイルが似ていること、交通や通信がしやすいこと、誠実であることなどが重要だ。アカ族の大部分も仏教徒ではなかったが、人間同士の交流

が活発になるにつれ、仏教徒になる人が出てきた。

以前、シャン州内の高原地域でキリスト教の牧師たちが自分の人生を少数民族の人生の中に捧げ、キリスト教の布教と社会生活のあらゆることについて苦労しながら少数民族のために尽くしたため、キリスト教の布教活動が成功したと言える。本当のことを言うと、すべての少数民族は素朴な人々で、皆貧困に直面している。協力してくれる人、世話をしてくれる人を期待しているのである。地域を統治する者、統治を担当している者たちが少数民族のことを重視していなかったため、彼らは住民から遠くに存在していた。そうなると親近感が乏しいことになる。

そのため、以前ビルマ共産党がシャン州に進出して少数民族の中に入り、一定の期間うまく取り込んだことが分かる。ビルマ共産党を主導したのは主にビルマ族であった。素直さや公明正大性に欠けること、自分ひとりが良ければいいという気持ちが強いこと、ある地位を得ると他の人に譲りたくないという気持ちが強いこと、同僚とさえソリが合わないことが多いというのはわれわれビルマ族の民族性である。そのため、ビルマ共産党の戦略は失敗に終わったのである。

わが国で少数民族が暮らしている地域の多くは開発が遅れ、貧困に直面している。交通や通信が非常に不便なこと、人々の知識を高める学校の数が必要とすべき数に達していないこと、国民の健康を守る病院や薬局が十分にないことなどは社会生活にとって弱点となっている。ミャンマーは開発が遅れ最貧国として認定されており、少数民族が暮らす地域の発展のために政府が十分な政策を実施できていない。

少数民族が暮らす地域の発展のために手が回らないこと、首都から遠い所にあり実際に視察に行くこともないため、少数民族と政府の幹部は親族のように親しい関係にはなく、他人同士のような関係になっている。そのため、国の経済の発展や景気の回復は地方の平和にかかっていると考えている。また、国の平和や安定は経済の発展にかかっているとも言える。そのため、国の平和と安定、国の発展、国の経済の発展はお互いに恩恵をもたらすものであると思う。

国の経済が停滞していること、貧困が続いていることは国の平和実現のためのもっとも大きな障害である。ミャンマーの近隣に共産国家がある限り、共産主義思想がなくなることはないのである。

第8章　気候変動に注意せよ

節	内容
18	自然災害に直面しているわが国

第18節　自然災害に直面しているわが国

現在、地球の自然環境悪化により、自然災害のリスクが高まっていることは周知の通りである。より多く自然環境破壊を行っているのは先進工業国に他ならない。しかし、実際は最貧国や発展途上国が罪を着せられている。最貧国や発展途上国は知識や技術が不足していること、衣食住を保つことだけで精一杯なため、自然環境が破壊されていることに気づかず、自然を破壊する行動を取ってしまうことがありがちである。本来なら、このような非難をするのではなく、環境保護に関する知識、技術を共有しなければならないのである。

ミャンマーでは最悪の自然災害を2回経験した。2008年に襲ったサイクロン「ナルギス」のためにエーヤワディ管区で10万人以上が犠牲になり、村全体が壊滅したところもあった。多くの人々が家を失った最悪の自然災害でエーヤワディ管区だけがその被害を受けた。

そして、2015年7月から8月にかけて起きている大雨による洪水被害はミャンマー全土に広がっている。村全体が水没して住処を失っただけでなく、食べる物、着る物もなくなるという困難に直面している。水害は7月にザガイン管区から始まった。コーリン、ウンドー地域で雨が激しく降り始め、ザガイン管区の南部、チン州、ラカイン州にかけて洪水や山崩れなどが起きている。上ミャンマー地域から始まった水害はマンダレー、マグェー、バゴー、ヤンゴンの各管区にだんだんと広がって行った。現在、水害はエーヤワディ管区、カレン、モンの各州にも及んでいる。

現在、ミャンマーを襲っている自然災害は家をつぶし、田畑を破壊し、通信網や道路、鉄道、橋を破壊した。チン州では土砂崩れ、地割れなどが発生し、このような光景は見るに堪えない。死者行方不明者に関しては、ミャンマー全国で数百人に達している。

現在起きている自然災害に対する国民の支援、協力活動は大変勇気づけられるもの

である。すべての国民が人道的な見地から、また家族的な気持ち、連邦精神などにより一致団結し積極的に支援、協力活動に参加している。

水害により破壊された教会の建物

社会団体、ボランティア団体、緊急に結成された協力団体、通りや地区ごとに結成されたボランティア団体、文学界、映画界、演劇界、芸能界などの芸術・芸能関係者の団体などが人種や宗教を問わず連邦精神により東奔西走し支援、協力活動を行っているのを見るにつけ驚きを感じざるを得ない。

仏教界の高僧が主導する協力団体が各地を巡り支援、協力活動を行い、芸能人たちもグループを作り支援物資を届けるだけでなく、精神面の支援をしようとコンサートを行って勇気づけている場面が見られた。

社会団体やボランティア団体の支援、協力活動は大変勇気づけられる。政府が行っている支援活動より、彼らのほうがずっと早く現地に入っているように思える。

経済事業を行っている企業など多くの団体が支援、協力活動を行っている。特にカンボーザグループやシュエタンルイングループの活躍が目覚ましいものがある。他の一部の企業も大々的な支援活動を行っている。

気象学者のトゥンルイン博士による気象予報、注意報などの情報は非常に役に立つ。トゥンルイン博士に感謝を申し上げたい。気象専門家の気象予報や注意報は国家にとっても国民にとっても非常に有益であり、感謝したい。

私に意見を言わせていただければ、政府の災害対策は立ち遅れており、不十分であると言わざるを得ない。大規模な水害が起きている情報を入手すると同時に、社会福祉・救済・定住省が真っ先に現地に飛ばなければならない。同時に保健省、建設省、農業・灌漑省などが同行しなければならない。

水害のため都市部の住宅が浸水している様子

被災している国民たちは救援物資が得られるにせよ、得られないにせよ、最初に国民たちが頼りにしている国家元首級の人たちや政府の責任者たちに会いたいと願い、励ましの言葉をかけてもらいたいと思っているはずだ。これは国民ほとんどの願望である。頼りにしている人が来れば、精神的に救われるのである。その後で、物質的な救援が届けば、それが信頼に繋がるのである。私が言いたいのは、大臣級、副大臣級の人たちが村の隅ずみまで行って欲しいということだ。そうしてこそ、国民が政府を信頼するのである。

これから大統領自身が現場を視察するというので、国民は納得するだろう。国軍からの協力、ヘリコプターによる救援物資の輸送、ヘリコプターが降りられない場所では、上空から救援物資を落下させるのを見るにつけ、勇気づけられる。村の人たちも喜ぶであろう。

州の中では、チン州とラカイン州の状況が特に悪い。支援、協力事業の他に、復興事業を本格的に行わなければならない。復興事業は慌てて行ってはならない。住宅の再建、修繕や農業、畜産の事業をタイミング良く復興しなければならない。通信

や交通が良くなるように、橋を強固に建設しなければならない。学校を再建しなければならない。修繕も実施しなければならない。食糧が不足している村々の人々に米、塩などを支援しなければならない。このために、莫大な国家予算が必要になる。

ミャンマー全国規模の復興事業を行うには国家予算だけでは足りない。国際社会からの莫大な額の援助が必要である。現在まで国際社会からの援助は非常に少ないと思う。私の意見としては、ミャンマーを重要国と認識している外国政府に対して、ミャンマーから政府特使を派遣すべきである。特に、10カ国くらいに絞り、大臣または副大臣をトップとする代表団を派遣すべきであると思う。このことに関しては外務省が詳しい。私が言ったことをすでに実施しているのであれば、もう必要はないが。

ミャンマーの自然破壊の中でもっとも酷いのは森林の破壊、森林の消滅である。2番目は山のある地域で畑作を行っていることである。山で畑作を行うために、樹木をすべて伐採し、焼き畑のようにしてしまうのである。そのため、森林が破壊され竹だけが生えてしまった。このようなことはバゴー・ヨーマ山脈でも起きている。ラカイン州でも、チン州でも起きている。カレン州やタニンダリー管区でも起きている。今も起きていると言える。

3番目の自然破壊は、エーヤワディ河、チンドゥイン河の周辺で金の採掘、金の選別を行っているために、河川に汚泥が流れ出し、河川の流れが悪くなり、河川の氾濫が起きている。

4番目の自然破壊は、パーカン地域で行っているヒスイの採掘を行っているため、土砂が川に流れ込み、ウーユ川の河床が高くなり、汚泥がチンドゥイン河にだんだんと堆積して、チンドゥイン河の河床を高くしている。

そのため、外国の専門家を招聘しエーヤワディ河とチンドゥイン河の長期的な保護のための計画を策定し実行すべきであると思う。

現在起きている全国的な水害のために困難に直面しているすべての国民のために村の隅ずみまでボート、船、車などの交通手段を使い、または徒歩で食料、飲み物、ペットボトル入りの飲用水、薬などすべての物資を届けている家族的な気持ちであらゆる救援活動を行っている援助団体が、連邦精神、家族的精神で協力しているのを見るにつけ鳥肌が立つほど胸を打つものである。

このような精神が永遠に続くよう願いたい。

困難に直面している国民のために、復興事業、再建事業が成功しますように。あらゆる困難に耐えているすべての国民に対して心身共に健康でありますように。楽しい人生となりますように祈りたいと思う。

洪水が発生しているとき、河川の周辺に暮らしている国民や子供たちの生活状況

第9章　保健医療と文化

節　　　内容
19　　　健康のための衛生
20　　　ミャンマーの文化と伝統的慣習

第19節　健康のための衛生

わが国ミャンマーにおいては保健医療、健康に関する知見や知識、健康に関する教育が非常に不足していることが分かる。この件も保健に関する責任者、これに従い実行すべき国民が共に一致団結して取り組まなければならない課題である。私たちミャンマー人の保健に関する知識が非常に少ないことが主な原因であると言える。

わが国ミャンマーにおいては、病気にかかり治療を受けている間に亡くなる人がいれば、地方農村で何の病気か知らないままに亡くなる人たちが多くいることが分かっている。地方農村に住むほとんどの人々は、入院して治療が受けられず、値段が高いために薬が買えないで亡くなる人もいれば、何の病気かわからず突然死んでしまう人も多くいる。

わが国では衛生に関する知識が非常に乏しい。衛生が保たれていないため、ゴミの山があちこちにできている。そのゴミの山から蚊や蠅、ネズミなどが多く発生している。そのため、様々な病気が発生し、感染しているのが見られる。

蚊や蠅の駆除活動は非常にお粗末である。保健省、市開発委員会、国境地域発展省の傘下に保健医療活動を支援する部局、保健衛生活動を支援する部局、感染症の防止を支援する部局、教育活動を支援する部局などがあり、それぞれに担当職務を与えている。それぞれに与えられた職務を期限内に責任を持って遂行できれば、国民の保健医療はそれほど悪い状態にはならないと思う。責任感の欠如、責任感の不足により、あってはならないことが起きていると思う。しっかりとした責任の分担が必要である。

保健衛生に関する習慣は子供のころから定着させる必要がある。

ヤンゴンのような都会でさえ雨期に入ると排水路にゴミが詰まり、水の流れが悪くなったために水たまりができたり、泥がたまったり、ゴミを収集できないためゴミの山に蠅が大量に発生したり、水たまりにボウフラが大量に発生している。このような状況のため、当局の責任者がきちんと巡回しているのか見ていると、ほとんど誰も来ていない。何もしていない。雨期に蚊、蠅、ネズミの駆除活動をきちんとしているのか見ていると、ほとんどの場合していない。

市民に対して地区の役員が教育活動を行っているか見ていると、これもしていない。これらはわが国の欠点でもある。

地方農村では十分なトイレがないことも衛生上の欠点の一つである。地方農村で蠅が入らないトイレを十分に設置するよう教育周知活動や共同事業を行ったことがあるが、その後十分に行われていない。蠅が入らないトイレの設置と清潔な水を確保することは保健衛生上、非常に大切である。

ヤンゴン市西部県のラインターヤー郡区のような工業団地のある地域においても清潔な水を確保するのは困難である。工場の前を流れる水路沿いに多くの小屋が建てられている。それらは以前なかった。現在は多数存在している。その小屋で生活している住民たちは水路を流れる汚い水をくみ上げて使用している。その汚い水を水浴びに使っている。このような光景はエーヤワディ管区に行くたびに目撃している。この光景は見るに耐えないものだ。

ザガイン郡のミャヤダナー小学校において女性教員が子供たちの爪を切っている様子

もう一つ、私自身が経験したことがある。2015 年 7 月 3 日のことだった。私がバガンにおけるパゴダでの寄進の行事に参加するため、空港で一般乗客と共に飛行機の出発時間を待っていたときのことである。外国人観光客もその場にいた。小便の用を足すために、空港内のトイレへ行った。そのとき、トイレの一室の中を見ると便器内に大量の大便が溜まっているのを見た。私は鼻をつまみ、その場から退散した。この件について調べてみると、空港内で断水しているからとの回答があった。水道のパイプに穴が開いたから水が届かないのだそうだ。これはあってはならないことだ。

トイレの管理をしている担当者はこれを知らないのか。自分の職務を知らないのかと質問した。外国人の前で、これは本当に恥ずかしいことだ。このことは書かなければならないので書いた次第だ。自分の職務を知らないのかと言いたくなった。ここに記すのも憚られる。外国人の前で本当に恥ずかしい。

わが国ではお金に余裕のある人たちは外国へ行って健診を受けたり、病気の治療を受けたりする。バンコクやシンガポールに出る。毎年その数は少なくない。お金に余裕のない人たちや地方農村に住む農民たちは外国に行くなど遠い話だ。国内で治療を受けるのさえ困難であるから、病気にかからないための予防が非常に重要である。病気予防は皆の責任である。関係各省の担当者、これに協力するべき関係部署が共同で実施しなければならない。国民もこれに参加できるよう教育周知活動や研修を行い、民間団体も協力できるように国家的な任務として実施すべきであると記したい。

ヤンゴン市でさえ、集合住宅の裏手にある排水路には大量のゴミが投棄され、悪臭が漂っているのは、保健衛生上非常に悪い。ヤンゴン市郊外においても、現在雨期に入り道路上には泥水の水たまりや汚泥がたまり、小屋が雨後の筍のように増え続けている。悪臭は本当にひどい。トイレが十分にないため、裏手の水路に排泄物をそのまま捨てている。ヤンゴン市の郊外でさえこのような状況であるから、都市部から離れた地方農村にきちんとしたトイレを設置することは困難である。

以前は保健衛生の強化政策を実施したが、現在はその期間が終わってしまったのか、引き続き行うことができないのか、聞きたいと思う。国家保健衛生計画というのは、国際社会の機関や NGO などが参加して討論を行い、計画を実行する期間を設定して実行したものだ。計画が終了しても、新たなフォーラムを開催し、新たな計画を策定するのが常である。現在、保健衛生に関して欧米諸国からの協力の申し出がたくさん入っている。現在のような時代は、国家保健衛生事業、国民医療に関する政策、計画を多く行うべき時代になっている。本当に事業を行うことができればよいと思う。国民のために真心を込めて本当に行うことができればよいと言いたい。

ヤンゴン管区政府の責任者たちもヤンゴン市郊外の状況を視察すべきである。その上、地方農村に住む国民にとって不足していること、保健衛生や社会生活の実態を知り、重視して行うことができるように農村を視察し、不足している点を補充することが必要であるとここに記すものである。

第 20 節　ミャンマーの文化と伝統的慣習

ミャンマー文化と伝統的慣習はピュー時代から始まったと言ってもよい。中国の（Tan）王朝の時代にピューと交流があったと歴史書により明らかになっている。ピュー時代の後、タイェーキッタヤー時代とベィッタノー時代に仏教や伝統文化が栄えたことも歴史書により明らかになっている。バガン時代の初期、重要な文化が流入したとき、ミャンマーの伝統文化が大きく変化した。

しかし、まもなく古都バガンにトゥワナブミ・タトン地域からシンアラハン師が到

着した後、タトンから三蔵経（ピタカトンボン）がもたらされ、上座部仏教が普及したのと同時にミャンマーの伝統的な文化も再構築されたことが分かる。

そのため、仏教の普及と伝統的な文化は同時に発展したことは間違いない。バガン時代のタンビン王妃自身が僧侶に対して三蔵経を教えたことが歴史書に記録されている。バガン時代から仏教だけでなく文学、文化、伝統的な慣習も僧院において教えられた。その後、各年代にわたり仏教や文化、文学は僧院において教えられることが伝統となったことが分かる。ミャンマー最後の王様であるティーボー王も様々な学問や文学を僧院において勉強したことが歴史書により明らかになっている。

平和の父であるタキン・コードーマインもティーボー王とその家族がイギリスによりインドに連れ去られたとき、僧院からその場面を目撃している様子が「我らは奴隷にはならない」という映画の中に描かれている。英国がミャンマーを占領した後に学校教育というものが始まった。そして、寺小屋教育がほとんどなくなりかけてしまった。しかし、三蔵経や伝統的な文化や慣習に関する教育は僧院において引き続き行われている。

私が小学校、中学校、高等学校の時代のとき私たちは僧侶から道徳を教えられた。私の生まれた町には高等学校が一つしかなかった。その高校は、僧侶が管理していた寺院の境内の一部を教育局に分譲され建てられたことが分かった。その僧侶はコウンナラ師とアーザヤ師の二人だった。僧院と高等学校は隣接していたので、僧侶の説教や躾を常に受けており、生徒たちのほとんどが仏教とミャンマーの文化を二人の僧侶から教えてもらっていた。寺小屋教育の制度は私の幼いときから開始されたと言っても間違いではない。

今の時代、若者から中年、壮年に至るまで、ほとんどの人々は平凡な仏教徒になっている。自分が信仰している仏教について基礎から学んでいる仏教徒は少なく、中身がなく表面的にしか信仰していないのが分かる。今の時代、外国から様々な文化が流入して来ているため、その文化に染まってしまった人たちを見かける。西欧のあらゆる種類のダンスや歌が国内に入り込み、その流行を追って多くの若者たちが夢中になっているのを見かける。東アジアの文化圏であるはずの韓国文化でさえ、肌を露出するスタイルから始まり、親子の関係、家族の中のコミュニケーションの方法が非常に雑になり粗暴になっているのは見るに見かねる光景である。

若い女性たちがお酒を飲む行為は非常に見苦しい。非常に悪い行いである。女性の飲酒という文化はミャンマーの伝統文化と全く相容れないものだ。以前からの誇り高いタメインという巻きスカートを着た伝統文化はほとんど消滅しつつある。タメインの代わりにガウンが入ってきたのを見るのは見るに堪えない。ガウンがきれいだとか言っている者もいるが、ミャンマーの伝統的なタメインに勝るものはない。

仏教はタイェーキッタヤーとベィッタノーの時代から始まった。

職場における仕事上の都合により、若い女性たちがズボンをはくのはかまわない。仕事上の必要性により着用するものについて言っているのではない。基礎的なことを教えるのは学校である。公立の学校で教えることができる。外国人の教師が教えている私立学校ではミャンマーの伝統文化は消滅している。一部の学校ではミャンマー語さえ教えていない。

仏教の伝統行事であるシンピューミンガラー儀式（得度式）

ミャンマーにあってミャンマー人のための教育を行っている学校で、ミャンマー語を教えないというのは行き過ぎだと思う。教育の責任者たちは自分の職責を全うする気がないのだろうかと聞きたくなる。

現在、開校している仏教学校や道徳教室を主導している僧侶に対して、大変感謝したいと思う。寺小屋教育の制度も勢いが失われないように引き続き支援していきたい。

寺小屋教育に関して、私自身が支援した寺小屋学校について話したいと思う。それはマンダレー市内のパウンドーウー寺小屋学校のことである。兄弟二人の僧侶が始めた学校である。最初は多くの苦労に直面せざるを得なかった。その後、二人の僧侶の努力により、現在は高等学校になっている。

ミャンマーの伝統的なあやつり人形

教育に必要な設備や教材も揃っていて、近代的な教育方法を導入して大変評判が高くなっているのだそうだ。これは模範とすべき事例である。

学校の児童、生徒や若者たちが文化的で賢くなるためには、父母、教師、生徒の3者間で理解があることが必要である。両親も自分の子どもが賢く、文化的になるように、勉強ができるように、学校に行かせて教師に自分の子どもたちを預けるのである。教師も真心と慈悲の気持ちをもって生徒たちを指導しなければならない。子どもたちが賢く、文化的になるように躾を行わなければならない。子供たちも教師が教えること、諭すことを教師の教えに従い尊敬の気持ちをもって学習することができれば、非常に良いと思う。

今の時代、道徳教室や仏教学校を僧侶が主導して仏教やミャンマーの伝統文化、慣習を教えているのは、将来の若者にとって良い伝統になると思う。これらの教えから得られるご利益や成果は若者自身にとっても、国家にとっても利益になることは間違いない。

このように非常に良い成果を得ることできるため、上記のような僧侶が主導して開校した道徳教室や仏教学校について、子供たちの両親が応援し、関心を持ち、自分の子どもたちを高僧や僧侶に預け、良い行いを身につけるよう指導することが必要で、政府も僧侶が主導するこれらの学校を認めて、支援することが必要であると記したい。

149

私たち仏教徒のミャンマー人にとって忘れてはならないことは「キンブンジー10 項目」というものであることを伝えたいと思う。
「キンブンジー10 項目」を覚えている範囲で書き記しておくと以下のようになる。

1. 恩義が非常に大きなお釈迦様
2. 恩義が非常に大きなピィシカお釈迦様
3. 恩義が非常に大きなアガタワカ・マハーターワカヤハンダお釈迦様
4. 恩義が非常に大きなヤハンダお釈迦様
5. 恩義が非常に大きな母親
6. 恩義が非常に大きな父親
7. 恩義が非常に大きな恩師
8. 恩義が非常に大きな、戒律、禅定、智慧を習得した俗人、比丘、尊者
9. 恩義が非常に大きな、お釈迦様の教えを説いて諭すことができる恩師
10. 一杯のご飯、一杯の水など与えてくれた恩人の数々
などである。

上記の人物に対して、常に敬意をもって尊敬し、礼拝するようサヤドー（高僧）の説法で何度も聞かされている。

このほか、ミャンマーの伝統的な文化と慣習には大切にすべきものが多くある。ミャンマーの起源となったピュー族の文化が隆盛していたときから誕生したミャンマーの伝統文化と慣習を重要視せずに、外国から流入している外国文化や行動様式を重要視していると、ミャンマーの仏教と伝統的文化が徐々に消滅していくことは確実である。そのため、国民の仏教や伝統的な文化を永遠に保護しようではないかと伝えたいと思う。

このように、伝統的な文化と慣習は学校教育に基盤が置かれている。学校の教師が、自分の学校内で伝統的な文化の保護、伝統的な服装の保護、正しい慣習を生徒たちに教え込めば、高僧や僧侶が主導している道徳教室や仏教学校と連携して、ミャンマーの伝統的な文化、伝統的な服装、伝統的な慣習が再び強固なものになることを述べたいと思う。

第 10 章　著者の希望

節	内容
21	ダナ、ティラ、バーワナの 3 種が一致してこそ自然
22	栄えある古都バガン
23	ミャディゴンパコダ
24	ミンドン王の功徳により建立されたパゴダ 2 基

第 21 節　ダナ、ティラ、バーワナの 3 種が一致してこそ自然

最近、宗教や社会活動を熱心に行っているため、来世の輪廻と自分の利益になることのみを行っている。水かけ祭りの期間が終了し、ミャンマー新年を迎えるにあたり、私たち夫婦はインセイン郡区にあるアウンサントーヤタッウー僧院において 7日間修業を行い、人生の安寧を得られた。徳のある高僧が説いたように、ダナ（寄進）、ティラ（戒律）、バーワナ（修行）の 3 種を適当な時期に行うことにより人生の幸福を得ることができるという教えに従い、これを実践したのである。

社会活動に関して、私たち家族が主導して結成したシュエモーウン社会文化支援協会は、チャウタン郡内の農村のための支援活動を 6 月から開始することができた。教育、保健医療に関する支援、高齢者に対する支援、寺小屋教育に対する支援、ボランティア団体への支援、ミャンマー母子協会に対する支援、同郡区に対して救急車の寄贈、などの活動を行うことができた。

雨期明けになると、村々を回る巡回医療を行うため、専門医と事前に打ち合わせを行った。そのように宗教的な活動や社会貢献的な活動を毎年行っている。

宗教活動の中で特に力を入れているのはミャディゴンゼーディーを建立することで、その準備を行っているところだ。ミャウンミャ市の南方向 7 マイルの場所にミャセインヤウン山の頂上にパゴダを建立するのである。これは 92 歳になるミャセインヤウン師のご指示である。ミャセインヤウン師は 70 年前からミャウンミャやラプッタの地域で布教活動を続けているが、私と出会ったのは 20 年前のことである。その当時から関係の深い檀家になり、ミャディゴンゼーディーの建立を主導することになった。

2012年に釈放された後、出家して托鉢に回っている際、
自分の家族が食事を寄付しているところ

2014年、クンボーテイン村とピンマカン村の間を結ぶコンクリート道路の整備のために
700万チャットを寄付しているところ。
これにより学校に通う生徒たちの交通の便が良くなった。

これから建立するミャディゴンゼーディーは、高さ216ダウンあり、シュエダゴンパゴダと同じ形であるが、高さは2フィートだけ低い。大変高さがあるほうなので、建設エンジニアとたびたび話し合いを行っているところである。現在の進捗状況は、外形は設計済みで、建築の詳細デザインを設計しているところである。専門家のウーニーラゲー（元副大臣）と話し合いを行っており、実際の建設工事はトーウイン建設のウーココトゥエーと準備を進めている。

このミャディゴンゼーディーは、元々建立してあった108ダウンの仏塔の上から被せるようにして建設するので、鉄枠などを使用して時間をかけてしっかり建設しなければならない。

モーゴゥウィパターナ団体（77）アウンサントーヤウィパターナ瞑想場において
キンニュン氏の家族が寄付行為を行っているところ

関心のある寄付者の協力や寄贈品を得て、さらに一般国民も寄付に参加してパゴダをきちんと建立するのである。レンガを使用しないで、鉄だけを利用してドーム状の鉄枠のように建設するため、技術面が非常に重要である。そのため、パゴダの建立には時間を要し、きちんと準備を行っているのである。

2015年7月、バガンにおいて私たち家族が主導し、私の部下、孫たち、友人たちが合同で寄付行為を行い、全面的に改修したダマヤザカパゴダに金箔を貼る功徳を施した。そして、灌水供養の儀式を行い、アロードーピィ師をトップとする80人の僧侶を招待して、袈裟と現金の寄付を行ったほか、周辺の村の村人たちを招待して食事をふるまった。

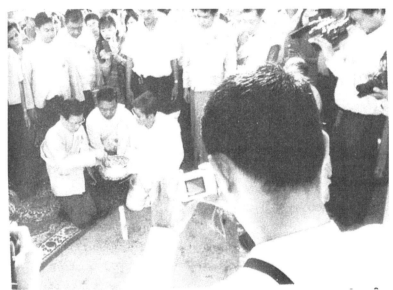

ミャティゴンゼーディーの建立にあたり、起工式が行われているところ

現在、行っていること、これまで行ってきたことはすべて功徳の行為である。今の年齢になると、功徳を行わなければならない。悪行や悪行につながる行為、悪行につながる企てを考えたり、行ったりしないことが重要である。なぜなら、悪行や悪行につながる企てを環境が作り出したり、導いたりしているからだ。ほとんど毎日、ジャーナル紙や日刊紙に出ている記事はひどいものだ。人を殺して物を奪ったり、窃盗したり、酒に酔って喧嘩をしたり、酒に酔って両親を殺したり、これらを見るとミャンマーは仏教国ではないようだ。

これらの悪行の原因は、経済が良くないこと、生活が苦しいこと、麻薬のせいで乱暴を働くこと、麻薬中毒になっていることなどであることははっきり答えが出ている。これらの悪い状況がさらに悪化しないように政府、政治家、公務員、社会団体、国民すべてが責任感をもって、自分の国が発展するよう、国民の生活水準が向上するよう、真の真心を込めて共に行動できればどんなに良いことかと思う。

私がまだ現役で活躍していたころの 2013 年 7 月のころだった。アウンサン将軍の息子で、私の友人であるウーアウンサンウーのために、私たち夫婦が出家の世話役になったことを覚えている。古都バガンのアロードーピィ僧院でのことだった。

インセイン郡区、アウンサントーヤタッウー僧院において、
仏教徒としての修業を行っている。

古都バガンのダマヤザカパゴダにセインブードーと呼ばれる飾り物とフゲッミャナーと
呼ばれる飾り物をかける儀式の後にアロードーピィ師に対して斎飯を捧げているところ。

2015年7月にバガンを訪問した際、ポワーソー村に行き村民たちと面会しているところ。

ミャウンミャ市から南へ7マイル離れた所に位置するミャセインヤウン山の山頂に建立する
ミャディゴンゼーディーのために、ウーキンニュンとドーキンウインシュエ夫妻が
5千万チャットを寄付したところ、ウーテインライン（元大臣）が受け取っているところ。

アロードーピィ師自身が私のために出家のための儀式を執り行ってくださった。そのとき、師は私に「ウーオゥッタマ」という僧侶の名前をくださった。友人、知人、私の部下、息子、孫たちも寄付を行い、功徳を積んだ。

2004 年に入ると、私は 8 つの罪により逮捕され、禁錮 44 年の実刑判決が下され、家族にも同様の刑罰が科せられた。幸運なことに、2012 年に減刑されたのだと思う。私たちは恩赦により釈放されたため、その年のティンジャン（水かけ祭り）の前に、ヤンゴン市内のアロードーピィ僧院において 7 日間、出家して修業した。息子たちも出家し僧侶となり、孫たちもコーイン（少年僧）となり、孫の女の子たちは尼になり、功徳を積むことができたのは喜ぶべきことだ。あの世に渡る前に、仏教的な活動や社会貢献的な活動のみ、精神を集中して取り組むと心に誓ったのである。

第 22 節　栄えある古都バガン

1,000 年以上前から誕生した古都バガンは当時「アイージー」と呼ばれる仏教過激派グループの影響下にあった。仏教過激派の幹部は王様に対しても影響力を行使していたため、王様でさえ「アイージー」の幹部たちが命じたことに従わざるを得なかった時代がかなり長期間続いたのである。

「アイーマダナー」と名付けられたタモッダヤザ王、ピューソーティー王、ティーミン王、ティーミンイン、インミンパィッ、パィッテーレー、テーレージャウン、チャウンドゥーイッ、ポゥッパーソーヤハン、ピンピャー王、ミンクェーチェー、タウンドゥージー王、クンソーチャウンピュー、アノーヤター王、など歴代の王様を輩出した。

アノーヤター王の統治時代、モン州のタトンからシンアラハン師が三蔵経をバガンに持ち込み、仏教が発展した。そのため、「アイージー」と呼ばれる仏教過激派は退散し、最初のミャンマー統一王朝が誕生した。シンアラハン師は三蔵経をタトンから持ち込み、ミャンマー全国に布教するため奮闘努力した。そのため、古都バガンには歴代の王様たちが建立したパゴダが多数点在する。

チャンジッター、ガトゥエユー、ガロンレッペー、ニュンウーピーなどの 4 人の英雄が誕生し、この英雄を中心として最初のミャンマー統一王朝が強固なものとなった。シュエジーゴン、ローカナンダー、トゥーユイン山、タンチー山などに仏陀の聖なる歯を安置したパゴダが建立された。バガンにおいては、約 1,000 年も前から歴代にわたる王様や檀家の人々が信仰する仏塔やパゴダが伝統のある芸術的な手法で作られたため、驚くべき素晴らしい古都となり、国内や国外から大勢の参拝客や昔の芸術的な手法を研究する人たちで賑わっている。

バガンにあるダマヤザカパゴダの尖塔部にセインプードーと
フゲッミャナーと呼ばれる飾り物をかける儀式

国家法秩序回復委員会の治世、オールドバガンにある民家をすべてニュータウンに
きちんと移転させることができ、オールドバガンを古都らしく改修し復興させた。
また、歴史博物館を建設し、歴史を研究する人達、ミャンマーの伝統的な芸術を研
究する人々が十分に研究できるように配慮した。

ミャンマー人のほとんどは仏教徒であるため、古くなったパゴダを修復したり、パゴダの尖塔部に傘をかけたりするなどの功徳の行為をすることは習慣になっている。そのため、崩れかかっているものを元の状態に復元したり、古くなったパゴダを昔からある伝統的な手法を使って元の状態に復元したりした。それぞれの省庁が1カ所ずつ担当し、パゴダの修復をきちんと行い功徳を積ませるようにした。

このような功徳の行為を行っている際、パガン地域で布教活動をしているアロードーピィ師（ドクター・アリヤーウンタ）の教えを受け、文化省と歴史文化指導局の監督により、古くなったパゴダや崩れかかったパゴダの修復事業を行った。

また、バガンを歴史文化地域として法律に明記し、歴史的文化遺産が廃れたり、壊れたりしないように保護を行っている。また、外国人観光客が安心して宿泊できるようにホテルゾーンを設定し、ホテルやゲストハウスなどの宿泊施設をきちんと建設させた。

バガンの旧王宮をきちんと復元し、昔の状況や昔の文化遺産を研究できるようにした。また、最初のミャンマー統一王朝を築いたアノーヤター王とその息子のチャンジッター王が建設した王宮も元の王宮の場所とは異なる場所に再建した。このように王宮を再建したことは、次の世代の若者のために民族の誇りや郷土の誇りを高め、世界から研究に訪れる人々にもミャンマーの豪華絢爛な文化を見せることを目的としている。

バガン歴史文化博物館は、ミャンマーの専門家であるタマンワティー・ウーウインモーがバガン時代の文化を再現するように設計したものである。そして、建設省の熟練したエンジニアがきちんと建設したため非常に豪華な造りとなっている。ミャンマーの伝統的建築法を古いパゴダから写し取り、パゴダ内部にある壁画の手法を写し取るなど、昔の伝統的な手法を模倣して建設したため、バガン歴史文化博物館は非常に特異な博物館となっている。

博物館の中には、昔の芸術的手法により作られたパゴダの内部にある壁画があり、博物館の大広間には画家のウータウンハンなどの有名画家が描き、文化省のドーヌミャザン局長が博物館の各コーナーに展示物をきちんと配置し展示できるように手配を施した。

仏塔の修復や仏塔の尖塔部に傘をかける儀式については、バガン地域で布教活動を行っている僧侶や、アロードーピィ師の教えを受けて歴史文化指導局の許可を得て、その指導に従い実施した。オールドバガンの城壁についても、損壊することがないように歴史文化遺産保護の手法に従って、修復事業を行った。

バガンのダマヤザカパゴダにおいて、高僧や僧侶たちが仏像を安置する儀式の後に
パゴダ境内から出発するところ

古都バガンは、1000 年以上前に初めての統一王朝が誕生した都であるため、ピュー
文化とバガン時代の文化が融合している。世界の専門家や研究者、参拝客のために
非常に価値のある聖地である。そのため、バガンは歴史や文化を研究している人々
や観光客で特に賑わっている地域である。そのため、バガンはミャンマー文化発祥
の地であるとともに、ミャンマー文化を集積した場所、古代のパゴダや寺院が昔の
ままに残されている聖地であると言っても過言ではない。

アロードーピィ師は「ダカージー（檀家の人々）よ。ダマヤザカパゴダを修復し保
護しなさい。パゴダの形はシュエジーゴンパゴダと同じにしなさい。門が 5 カ所あ
るので特別な形をしている。皆さんにとっても相応しい」と仰ったので、私も修復
事業に参加し、保護を行っている。

2015 年、バガンのニャウンウーに到着したとき、ローカナンダーパゴダ管理委員会に寄付金を渡しているところ。

ナラワティシートゥー王が建立したこと、門が 5 カ所あること、ダンマパーラシットゥージーという人物がこのパゴダを保護しているという夢を見させてもらい、その夢の中の光景に従い、パゴダの境内全体にわたって樹木を植えて平穏な雰囲気を醸し出すように修復したほか、このパゴダの周辺にあるボワーソー村とタテーカン村のお経を読む団体がきちんとパゴダの維持管理を行った。

パゴダ尖塔部の傘だけでなく、仏塔全体にわたり金箔を貼る作業を行い、電灯で明るく照らし出す工夫を行ったため、参拝者が気持ち良く参拝できるよう必要なことをきちんと行っている。ご利益のあるパゴダであるため、参拝者でいつも賑わっている。

アロードーピィパゴダも損壊が起きないように、鉄筋を通して支えている。また、パゴダ内部の壁画が変質しないようにガラスの枠に入れて保存している。パゴダ参拝者が気楽に休むことができるようにザヤと呼ばれる簡易宿泊所を建設して寄進したため、パゴダ参拝客にとっては快適に過ごすことができるようになった。毎年、パゴダ祭りを開催しているため、参拝客で大変賑わっているのを見て、大変幸福を感じるのである。

ダマヤザカパゴダに金箔を貼る儀式を行う

ニューバガンとミーパヤージープワーソー（西）村の間、タテーカン村の近くに建立されているダマヤザカパゴダは仏舎利が安置されている4つのパゴダのうちの一つに数えられるシュエジーゴンパゴダの形を模して建立されている。仏塔の高さもほとんど同じである。

アラウンシートゥー王の孫、ナワパティシートゥー王が建立した5つの門があるパゴダでもある。アロードーピィ師が損壊しているこのパゴダを修復し維持管理するように檀家に対して命じられた。そのときから、パゴダの修復、金色の傘、フゲッミャナーと呼ばれる飾り物、セインプードーと呼ばれる飾り物を寄進し、金箔を貼る儀式を執り行った。

西暦2004年、私は職務を停止させられ逮捕された後、パゴダの維持管理がなされないまま放置されただけでなく、寄進した金箔が剥がれ落ちてしまったため、パゴダ全体の姿は落ちぶれてしまった。2012年に私が釈放された後、私の家族、私の部下、息子、孫、親戚、友人たちと大勢の国民、生後7日の赤ちゃんを伴い、パゴダに金箔を貼り、セインプードーと呼ばれる飾り物、フゲッミャナーと呼ばれる飾り物の修復事業を滞りなく完了できた。その後、アロードーピィ師が主導する仏像安置の儀式、お招きした80人の僧侶にたいする寄進、灌水供養の儀式を2015年7月4日に滞りなく行うことができた。仏塔のほぼ全面にわたり、金箔を貼ることができたので、仏塔は見目麗しい姿となり仏塔の前で拝むときに幸福を感じた。

私が覚えていることで、再度申し上げたいことがある。今から20年前くらいのことである。バガン地域に建てられているパゴダがかなり損傷していた。一部のパゴダはレンガの山のようになっていたため、残念に思った。私たちミャンマー人の多くは仏教徒であり、パゴダというと金色に燦然と輝いているのを見てこそ拝みたい気分になるのである。

それゆえ、アロードーピィ師も同様の心境にあり、師のご意向と教えを受けて、レンガの山となっている昔のパゴダを元のパゴダの姿に復元することになった。基礎となっている形を基本として歴史文化局の指導に従い、パゴダや寺院の修復事業を、檀家を確保して行い、現在のような数多くのパゴダや寺院が復元された。

バガン地域に存在するパゴダを昔の雰囲気を残しながら修復したり、レンガの山をパゴダとして修復したりすることはユネスコが気に入らないだろう。彼らの考え方は昔のままの姿をそのまま残すことにある。しかし、私たち仏教徒の考え方は、バガン地域にあるパゴダはただ単に古代遺跡というだけに留まらない。私たち仏教徒が信仰する仏陀とダンマ（法）に関わる物を安置している信仰の対象でもある。そのため、昔からの考え方、宗教的な考え方のほかに、社会、経済的な考え方を合わ

せながら考えなければならないのである。そのような考え方をしたからこそ、バガンには数多くのパゴダ、仏塔、窟院が残されたのである。そして、数多くのパゴダ、仏塔、窟院が残っているからこそ、多くの外国人観光客や参拝客が訪れている。そして、地元民も、経済面や社会生活面において以前より異なった状態に発展していることが垣間見られる。私たちが行ったことはユネスコにとって気に入らないものであろう。しかし、宗教的な考え方を合わせて行ったため、最終的な考え方は同じになるかもしれない。私たちが行ったことが正しいと断言するわけではない。仏教徒のミャンマー人の一人としての信念をもって行ったことなのである。

7月3日、ヤンゴン市内において、私たち家族、同僚、部下とその家族を引き連れて、カンボーザ航空の飛行機に乗り、勢ぞろいして功徳を積むことができたため、参加者全員の心は平穏なものとなった。皆の心は功徳を行うダマヤザカパゴダのほうに向かっている。バガンに到着すると、私の息子であるゾーナインウーとソーティハが空港に出迎えていた。バガンではニューバガンにあるアレインダマーホテルに全員が揃って宿泊することになっている。ホテルの支配人であるウーチョーセインが大歓迎してくれたので、皆は安心して宿泊できた。ホテルのスタッフたちもとても親切に応対してくれた。ウーチョーセインが温かく手厚くもてなしてくれたので、快適な宿泊となった。

7月3日の朝から昼にかけて、マヌーハパゴダ、ガドパリンパゴダ、ブーパゴダ、アロードーピィパゴダなどを参拝した。その後、アロードーピィ僧院に先に到着しているアロードーピィ師に面会し拝謁した。その後、ダマヤザカパゴダに移動し参拝し、パゴダ管理委員会のメンバーと翌日のスケジュールについて打ち合わせを行った。

7月4日の午前中は、ダマヤザカパゴダに金箔を貼る儀式を行い、さらに仏像を安置する儀式を80人の僧侶が臨席する中、執り行うことができた。また、バガン周辺の村の村民たちを集めてモヒンガーというミャンマー伝統的な料理をふるまった。その日の午後、女性たちのグループが、様々なお経を唱える儀式を行った。

私は、プワーソー（西）村に赴き、私が第1書記の時代に実施した村落発展事業の現況を視察した。また、学校の児童たちに支援金を手渡した。その後、アーナンダーパゴダやシュエジーゴンパゴダを参拝することができた。

7月5日の午前、まだ参拝していないパゴダを参拝したり旧友たちに面会したりして、その日の午後、ヤンゴンにカンボーザ航空で帰路に就いた。この1週間の旅はすべて功徳を施すためのものだった。そして、ダマヤザカパゴダを金色に輝かせることができたこと、古都バガンの数多くの歴史あるパゴダを参拝できたこと、私の家族にとっても、私の同僚や部下、親戚の家族にとっても、功徳を積む行為を行うことができ、人生の幸福を得ることができたことをここに知らせたいと思う。

古都バガンは私たち上座部仏教徒にとって勝利の地である。「アイージー」という宗教を隠れ蓑にした過激派グループの影響下にあった時代、シンアラハン師がバガンを訪れ、アノーヤター王と面会し、仏教の神髄を上奏したことから、上座部仏教が再び広まったのである。本当のことを言えば、タイェーキッタヤーやピュー時代のときからミャンマーは仏教が栄えていた。そのため、ボーボージーやパヤーマーなどのパゴダが建立され信仰の対象となっていた。バガン時代の初期は仏教が衰退し、「アイージー」の思想が広まったため、ある期間、仏教の力が衰えた。

アノーヤター王の時代になって初めて仏教が再興しただけでなく、ミャンマー最初の統一王朝（第1のミャンマー）が築かれたのである。

仏教の振興と国家の発展、宗教的な幸福は統治する人物、統治する組織に大きく依存するだけでなく、統治される国民も王様に協力して参加することが基盤になることをここに記しておきたいと思う。

古都バガンに関してシュエジーゴンパゴダにある石碑に「1084年から1112年まで統治したチャンジッター王の言葉」が記されている。これを見ると、当時の王様や国民の様子がどのようなものであったのかが非常にはっきりと分かる。チャンジッター王が記した言葉は以下のとおりである。

「多くの人々は息子と別れ、妻と別れ、両親と別れてしまった。これらの人々の貧困を私は救いたい。彼らの涙をぬぐってあげたい。私の右手で食糧を与えよう。私の左手で着る物を与えよう。母親が子供をその胸に抱いて慰めるように、私は国民を慰めよう」

非常に記録するに値するチャンジッター王の心から出てきた言葉である。非常に価値がある言葉である。王様が国民に対して抱いている感情は崇高なものだ。このような気持ち、心のこもった言葉は現代の為政者が模範とすべきことであると私はここに記す。

第23節　ミャディゴンパコダ

最近、仏の教えの実践や社会活動に気をくばり、来世のよりよい生まれ変わりと自分への果報になることのみを行っている。水かけ祭りの期間が終了し、ミャンマー新年を迎えるにあたり、私たち夫婦はインセイン郡区にあるアウンサントーヤタゥー僧院において7日間修業を行い、瞑想をつうじて人生の安寧を得られた。徳のある高僧が説いたように、ダナ（寄進）、ティラ（戒律）、バーワナ（修行）の3種を適当な時期に行うことにより人生の幸福を得ることができるという教えに従い、

これを実践したのである。

社会活動に関して、私たち家族が主導して結成したシュエモーウン社会文化支援協会は、チャウタン郡内の農村のための支援活動を6月に実施した。教育、保健医療に関する支援、高齢者に対する支援、寺小屋教育に対する支援、ボランティア団体への支援、ミャンマー母子協会に対する支援、同郡区に対して救急車の寄贈、などの活動を行った。

仏教的な活動といえば、特に力を入れて取り組んでいるのは、ミャディゴンゼーディーというパゴダの建立について、事前準備を進めている。ミャウンミャ市内から南に7マイル離れたミャセインヤウン山の頂上に建立するため、御年92歳になるミャセインヤウン師のご指示を仰ぎ、建立事業を行っているところである。師は70年前からミャウンミャやラプッタ地域で布教活動を行っているが、その中で20年ごろ前に私は初めて師に出会ったのである。そのときから、真の檀家、真の師という関係になり、ミャティゴンゼーディーを建立するための責任者となった。

ミャウンミャ市ミャセインヤウン師を拝謁し、引き続きパゴダの建立を進めることを進言。

今回建立するミャティゴンゼーディーの高さは 216 ダウン（1 ダウンは指先から肘までの長さ）あり、シュエダゴンパゴダと同じ形で、高さはシュエダゴンパゴダより 2 フィート低いだけである。非常に高さのあるパゴダであるため、建設エンジニアと何度も話し合いを行っている最中である。現在、外観のデザインが完成し、詳細設計を開始しているところである。建築専門家のウーニーラゲー（元副大臣）と話し合いを行っている最中でもある。

このミャティゴンゼーディーは、元々あった高さ 108 ダウンのパゴダの上から被せるように建立するため、鉄筋を使用してきちんと時間をかけて建設する必要がある。このパゴダの建立に興味のある檀家の人々や寄付者の協力のほか、一般国民からの寄付により、きちんと完成させなければならない。レンガを一切使わないで鉄筋、鉄枠のみで建設しなければならないため、技術面が非常に重要となる。そのため、パゴダの建立は時間をかけて準備をしている。

今年 2015 年 7 月、私たちの家族が主導して、私の部下や息子、孫たち、友人、知人たちが共同でダマヤザカパゴダの全面的な修復事業を行い、金箔を貼る儀式を行って功徳を積んだ。

ミャセインヤウン師の礼拝堂においてウーコーコートゥエーとウーミョーティンチーたちと
パゴダ建立に関して打ち合わせを行っているところ。

灌水供養の儀式はアロードーピィ師をはじめとする 80 人の僧侶を招待し袈裟とお布施を献上した。そのほか、周辺の村々の地元民を招待して食事をふるまった。

現在行っていること、過去に行ったことはすべて功徳を積む行為である。この年になると功徳を積むことを行わなければならない。悪行や悪行につながること、悪行につながることを考えないこと、しないことが重要である。なぜかというと、現代においては悪行をはたらくことや悪行を考えることは、環境がそうさせているからだ。悪行に引き込まれる環境にあるからだ。ほとんど毎日、ジャーナル紙や日刊紙で見られる事件はひどいものだ。人を殺害して物を略奪する。酒に酔って暴力をふるう。酒に酔って両親を殺す。これらの事件が起きるのでは、この国が仏教国ではないように見える。その原因の主なものは、経済が停滞していること、生活に困窮していること、酒に酔って暴力をふるったり、薬物に依存していることが原因であることははっきりしている。これ以上、薬物の問題が大きくならないように政府、政治家、公務員、社会団体、国民のすべてが責任感を持ち、自分の国を発展させるよう、自国民の生活水準を向上させるよう、崇高な真心をもって連帯して行うことができればよいと希望する。

第 24 節　ミンドン王の功徳により建立されたパゴダ 2 基

仏陀が悟りを開かれたというブッダガヤの地に、ヤダナーボン時代のミンドン王が2 基のパゴダを建立された。著名な高僧であるティーダグー師が主導して、この 2 基のパゴダを修復するという記事を読み、大変嬉しく思った。国民的宗教、仏教の保護、民族の誇り、郷土の誇りを高めるための努力は非常に崇高なものである。

ヤダナーボン時代にミンドン王が国民的宗教、仏教の保護のために行った努力は誇るべきもので、模範とすべきものである。帝国主義者の英国がミャンマー国の半分を不法な方法で占領したが、ミンドン王は民族の誇りを捨てず、国民的宗教、仏教のために奮闘努力したことは誇るべきことで、模範とすべきことである。英国の支配下にあったシュエダゴンパゴダに傘の飾り物を寄進したり、英国の統治下にあったインドのミジマの聖地にマハーボディの菩提樹とパゴダを寄進したりしたことは、ミャンマー国民にとって誇りとすべきことである。

仏陀が悟りを開いたという菩提樹とパゴダが存在するミジマ地域に仏教的 2417 年、ミャンマー暦 1236 年のダザウンモン月にミャウンラ市長のティリーマハーゼーリャトゥ、書記のネーミョーミンティンシートゥー、詩人のネーミョーミンティンチョーカウンを蒸気船に積み込み、マハーボディ・シュエーニャウンドーまで届けたと石碑に記述がある。その石碑には以下のような記述がある。

ダイヤモンド　　511 個
エメラルド　　　311 個
赤い石　　　　　3966 個
真珠　　　　　　623 個

その他、王様の親族、息子、娘たちが寄進した金色の傘、ダグンという飾り物、コゥッカー、ムレープワー、金色の造花、銀色の造花などがなんと多いことか、と石碑にパーリ語、ビルマ語、デーワナーガリーで書かれたテッカタ語など 3 つの言語で水晶に刻まれていることが分かった。
当時ミンドン王はマハーボディ菩提樹とマハーボディパゴダを修復する目的で特別な権利を与えられた特使を派遣したが、インド側に古代文化遺跡を保護するきちんとした団体がなかったため、修復事業は行われなかった。そのため、その場を管理していたヒンドゥー教の司祭者に寄進する品々を預けたということである。しかし、寄進した非常に高価な宝石類はパゴダ 1 基と石碑に記録が刻まれたパゴダ 1 基に分けて、パゴダ 2 基にきちんと寄進されたと記述されていることが分かった。

ブッダガヤ

その 2 基のパゴダはヒンドゥー教司祭者が管理する学校の敷地内にあるため、ヒンドゥー教式の漆喰技術により修復されたため、今後宝石などを寄進する人はいないだろう。しかし、ミャンマーの文化遺跡とミンドン王が寄進したことを記録した石碑は現存しているため、これらの 2 つのパゴダを修復する機会が得られるよう奮闘努力した高僧のティーダグー師は、ミャンマー国民にとって誇るべき存在であることは事実だ。

2015 年 10 月、ブッダガヤを訪問しているティーダグー師に対して礼拝する檀家の参拝者

ヤンゴン市内シュエチン礼拝堂において、キンニュン第1書記と共に情報省大臣の
ミョータン准将、宗教省のアウンキン大臣などがティーダグー師の説教を受ける。

ティーダグー師は、仏陀が悟りを開いたブッダガヤに25回以上訪問し、仏教の古代
文化遺跡を研究し、ミンドン王が寄進した2基のパゴダがある場所にも何度も訪れ
ている。この場所に行く度に、敷地内に雑草が生い茂っているのを取り除き、石碑
に記述されていることを読み取り、この2基のパゴダを修復するという強い気持ち
をもって奮闘努力されたと思う。そのため、テインセイン大統領がインドを訪問し
た際、大統領がこの地域における修復事業を行う権利をインド首相にお願いしたと
ころ、インド首相が了承し許可したため、修復事業を行う権利が与えられたことが
分かった。

現在、ティーダグー師が中心となり、ミンドン王が寄進されたターパナーティッパ
ゴダとチャウサーディッパゴダを修復するため、タパワティ・ウーウインマウン、
タパワティ・チョーゾーミン、ティタグーバーブーなどの団体が修復事業を行うた
めの下準備を開始していることを知った。この事実は民族の誇り、郷土の誇りをさ
らに高めたこと、国民的宗教、仏教を繁栄させたこと、ミャンマー国民を代表して
ミンドン王が寄進して功徳を積んだことをここに記しておきたい。

同時に、ティーダグー師の奮闘努力とその成果が時機を失うことなく引き続き実現
化していることを嬉しく思い、何度も「タードゥ、タードゥ（善き哉、善き哉）」と
繰り返し唱えた。

第11章　故郷

節　　　　内容
25　　　　故郷モーウンを発展させるために
26　　　　ティハ、ディパ、チュンターナ
27　　　　私の家族の人生
28　　　　シュエーモーウン社会貢献団体の医療活動

第 25 節　故郷モーウンを発展させるために

私の生まれ故郷はヤンゴン管区南部県チャウタン市である。昔はハンタワディ県
と呼ばれていた。モーウン・チャウタンとも呼ばれていた。モーウン川に沿って位
置しているため、モーウンという名前がついた。私の故郷の町の近くにパーダ村と
いう村がある。今から約 3,000 年前にパーダという都があったと歴史の専門家たち
が書いている。大理石を使ったパゴダが数多く建立された時代であったため、大理
石文化が隆盛した都であったことは確実である。

チャウタン市から北へ約 3 マイル離れた所にテインゴンという小高い丘があり、そ
こには僧院と尼寺がある。その場所は昔、古代の議会があった場所であることが分
かっている。その丘に隣接している丘には昔、宮殿があったと想像できる。なぜか
というと、その丘の上には「ナンウーゼーディー（宮殿パゴダ）」というパゴダがあ
ったからだ。以前は「パヤーゴッウゥ」だった。その後、ナッイェーカン大学の
ウーティンマウントゥエーとその家族が修復事業を行い、そのパゴダは大変見目麗
しくなっている。

「ナンウーゼーディー」として顕著になった。タンリン・チャウタン道路沿いに位
置しているため、ナンウーゼーディーも、議会があった丘というテインゴンの丘も、
今も風景の中で見られる。

チャウタン市の入り口に「シンカン（象の池）」と呼ばれる池がある。パーダという
都があった場所は野生の象が生息する森と隣接していたため、象が自分の体を清め
る池であることが分かった。私が子供のころ、町の城壁があったことをおぼろげに
覚えている。パーダ 7 村の中に「水飲みの井戸」が今でも存在し、清らかで冷たい
水が今でも見られる。歴史家の話によると、これは王様が召し上がった水であると

認めている。女性は井戸に近寄ることを禁止されているため、王様が召し上がった水であるとの可能性は高いと思われる。このパーダと呼ばれる都の歴史に関して、タイのヌクンパトンという歴史書に記述があることが分かっている。
歴史家が記したことを基に、古代の歴史を紐解いてみると、

マハー暦94年（仏陀が悟りを開く前の50年）ごろ、バゴー山脈と交わるシッタウン河の河口にトゥワナブミと呼ばれるタトンの国が築かれた。当時の指導者はティターダンマティハヤーザという名前であった。当時、インド南部のマドラス州ティリンガナ地域に居住していたヒンドゥー教徒のテーラグーと呼ばれるインド人は帆船を使ってアジア大陸の南部、海岸線に位置するパテイン、ダゴン、タトンなどを通り、スマトラ島、ジャワ島、ボルネオ島まで物品の売買に出かけていた。そのときから、彼らの領土を拡張していったと言われている。地元の住民たちもヒンドゥー教徒を信仰し、仙人のような態度を取る人たちが出現した。当時、モン、カレンの民族と領土を拡張しようとするヒンドゥー教徒たちとしばしば戦闘が起きたことが歴史書に記されている。

チャイパーダジーパゴダを建立した後で、金の傘、セインプードーと呼ばれる飾り物、フゲッミャナーと呼ばれる飾り物を寄進する儀式でチャイティーサウン師と第1書記

トゥワナブミ・タトンの領主であるティターダンマティハヤーザ王の在位4年目、仏教暦98年、その息子であるティターボーガテーナ、ティターナーガテーナ、ティターナヤティハと娘のナンソーたちをタトンの町から北西の位置に新たな国家を建設するため国民3万人と共に派遣したと言われている。

その 3 人の兄弟と娘は現在パーダジーと呼ばれている地域の深い森の中で修業している仙人たちと遭遇した。その仙人は「この場所は猛獣が生息しているティハ・ディパ島と呼ばれている。この場所は新しい町を建設するために適当な場所である」と告げた。そのお告げに従いパーダという新しい町を建設したと言われている。

2002 年 11 月、チャイパーダジーパゴダに金色の傘をかける儀式に出席する
キンニュン第 1 書記

チャウタン市の近く古都パーダに建立されたチャイパーダジーパゴダを修復し、
金の傘、セインプードー、フゲッミャナーなどの飾り物を寄進する儀式を行っているところ

新しい町パーダの北方向１ユザナ（注：ユザナは距離の単位）の距離に、アタヨン
市（現在はタンリン）、東方向１ユザナの距離に、ドンタタイン市（現在はトングワ）、
南方向１タインの距離にグワン市（現在はチャウタン）、西方向 0.5 ユザナの距離に
ドンゼィッビェー市（現在はティラワ）をそれぞれの区域を定めて首都パーダを建
設したことが文献により分かった。

上記のように首都パーダとその周りの衛星都市を建設した後、仏教暦 98 年のダディ
ンジュラ月上弦 8 日土曜日、ボーガテーナティターティハディパダンマヤザという
称号を得てパーダ王朝が開かれた。パーダの国には 38 の町があり、郊外には 75 の
町、4 つ地域を定めた。パーダの国にはモン、カレン、ダヌ、ニガリトー（チベット）
などの民族が居住し、総人口は 326,090 人で、それぞれの町に分けて定住させたこ
とがタイの歴史書に記されている。

パーダジー模範村の小学校の開校式に妻のドーキンウインシュエが出席。

ヤーザソーナウン王が建立したチャイパーダジーパゴダを国家法秩序回復委員会の時代に
第1書記が主導し修復したため、現在のような姿になった。

ヤーザソーナウン王が建立したチャイカモパゴダの現在の姿

トゥカムカ・ナンソーシン王が建立したチャイカウパゴダ

ヤーザソーナウン王が建立したミャッソーニーナウンパゴダの現在の姿

パーダ王国には王様が40代にわたり続き、パーダ市で34代、タンリン市で6代続いたと言われている。

パーダ王国の王様を以下に列挙する。

1. ティターボーガテーナ王
2. ティターナヤテーナ王
3. ミャソーナウン王
4. ハンターテーナ王
5. ヤーザソーナウン王（チャイパーダジーパゴダ、チャイカモパゴダ、ミャッソーニーナウンパゴダなどを建立した）
6. トゥカムカ・ナンソーシン（チャイダノゥパゴダ、チャイカゥパゴダを建立）
7. ザヤテーナ王（ミタノー王妃がチャイピャダータノーパゴダ、ミタンウン王妃がチャイピャダータヌンパゴダを建立）（ザヤテーナ王チャイデータヤ（別名）ナンドーウーパゴダとチャウタン市内にチャイミョータロー（別名）チャイモーウン水中パゴダを建立）
8. ナーガティハ王
9. ヤーゾーダカ王
10. ナヤチョー王
11. ドゥワッタナーガ王
12. アヌーピヤ王

13. ドーダハン王
14. カンナワンザナ王
15. ドーヤハン王
16. ゼーヌダカ王
17. ゼーリャチョーティン王
18. アウンゼーリャ王
19. ボーミンソーナウン王
20. コドゥワッ王
21. ヤーザデーワ王
22. ヤーザコーダ王
23. ネートゥーヤ王
24. カンナ王
25. ナヤーババ王
26. ソーポゥッパ王
27. ダニャザラ王
28. ソーピャーチョー王
29. ハヌカ王
30. ソーポウンチュエー王
31. ソーソーナウン王
32. ソーサラー王
33. タラインムン王
34. ナレインダ王

以下の王様 6 人はタンリンに遷都後に即位
1. マウンタンリン王（ソーリラッシェー）
2. マウンディーミン（バニャーダラ）
3. タマラゥッ王
4. バニャーマニーユッピィ王
5. ティーハヤザ王
6. ゼーリャテーナ王 (ナグンパドンとトゥワナポンムンヤーザウイン) (シンムェ
   ヌン/ミンナンダー物語)

パーダジー模範村の小学校開校式で新校舎の光景

2014年9月28日、シュエーモーウン・ウーキンニュンが主導するグループが、
カンピャウン、クンボーテイン、チョンガン、チャーウインなどの村へ
社会貢献活動を行うために巡回した。学校、村同士を結ぶ生活道路、橋、図書館などを
建設するため660万チャットを寄付しているところ。

クンボーテイン村の発展のためにシュエーモーウン社会文化支援協会から支援金を贈呈。

チャウタン郡内のクンボーテイン村において親族や村民らと

タンリンに遷都後の6代目の王様であるゼーリャテーナ王は西暦127年にナウント一王を玉座から下ろし、即位した。トゥンテー（以前のトンサリン）のチャカッワヤン町からカレン民族のノーポタレーをトゥワナデーウィという名前で王妃に迎えた。王妃が子を身ごもり10カ月が経過したが、子どもを産むことができず死んでしまった。王妃の亡骸を火葬場に送り火葬したところ、子どもが子宮の中に入ったま

ま燃えずに残った。その日の夜、女の子の赤ちゃんが誕生した。その赤ちゃんは火の光の中で仰向けになって遊んでいた。朝になり明るくなると、人々がその赤ちゃんを見に集まり、その知らせが王様の耳に入ったそうだ。女の子であるが、火葬場で生まれた子であるから都に連れて来させないで火葬場の近くに宮殿を作り世話役や家来を置き住まわせた。シンムェヌンという名前で成人を迎えたとき、オカラッパ王の息子であるミンナンダー王子と出会い、その後のストーリーは皆が知っている物語の通りである。

私の故郷であるモーウン・チャウタン郡内には70の村があり、ほとんどの村は稲作を営んでいる。一部の地域では稲を収穫した後に豆を栽培している。海に近い一部の地域では海水エビを養殖している。裕福な村は少なく、ほとんどが貧困にあえいでいる。その一方、僧侶の指導や影響力が大きな村では発展の度合いが高い。

現在、交通網は以前よりずっと良くなっている。村同士を結ぶ生活道路ができ、一部の村では電気が来るようになった。モーウン川の中間くらいの場所にモーウン川を渡る橋が完成したため、一部の村ではチャウタン市を通りヤンゴン市に直接車で行けるようになった。一部の村はトングワ市を通りヤンゴンまで行けるようになった。

このように発展したのは政府の地方農村発展基金をきちんと活用したためである。私の母親の故郷はクンボーテイン村である。昔はクンモーデインと呼ばれていた。村は100世帯くらいしかなく非常に小さなものである。私の小学校時代、母親に連れられてモーウン川を約1日かけて移動した。チャウタンの港を朝出発し、夕方暗

くなる直前に村に到着した。現在はこのようなことはない。ヤンゴンから出発すると、チャウタンの街に入る前のタマンウー村で左折し、舗装道路を 30 分ほど車で走るとカンピャウンという大きな村に到着する。そのカンピャウン村からボートに乗り 10 分ほど川岸に沿って移動すると、クンボーテイン村に到着する。

私は普通の人に戻った後、母親の故郷に 3 回訪問した。その村全体が私の親族のようなものである。真の親族で従姉妹が二人いるため、彼女たちの息子、娘、孫、そしてその従兄弟、従姉妹、又従兄弟、又従姉妹が集まり、村中が家族のようだ。

クンボーテイン村から北方向に 1 マイルほどの位置にピンマカンという大きな村がある。その村には私の父親の親戚たちが住んでいる。その村はトングワ市の管理下にある。ヤンゴンとの交通の便が良いため、金細工の事業が盛んで、豊かな村と言ってもよい。ビルや大きな家があり、町と言ってもよいくらいだ。

私の母の故郷であるクンボーテイン村には小学校しかなく、小学校を卒業して中学校や高校に進学する場合は、子供たちは田んぼの中を通り中学校や高校があるピンマカン村まで行かなければならない。昨年、私が村を訪問した際、村人たちや私の親戚たちが提案したので、子供たちの登下校に困難がないように、バイクや自転車が通れるようにシュエーモーウン基金から 700 万チャットを拠出してコンクリート道を造った。今では道が完成し何も困難なく登下校ができるようになった。これは大変嬉しいことである。

クンボーテイン村からボートに乗り川に沿って 15 分ほど移動すると、チャーウイン村とチョンカン村に到着する。この二つの村はモーウン川を挟んで対岸に位置している。これらの村に行くと、二つの村を結ぶ橋が建設途中で工事が中断され中途半端な状態になっていることが分かった。

なぜ工事が中断されているか聞いてみると、「建設資金がないので中断している。協力できるのであれば、協力してもらいたい」と私に懇願してきた。これは昨年のことであった。私は気の毒に思い、「協力できるように努力するが、資金はどれくらい必要ですか」と質問したところ、「あと 1 千万チャットあれば橋が完成します」との回答があった。私はこの橋を完成させたいと思い、その村から自宅に戻って資金を工面したところ、すぐに 1 千万チャットが集まったため、すぐに知らせて村に寄付した。現在、その橋は完成し開通式典も行われた。

その橋は、最初チャーウイン村出身で、現在ヤンゴン市内で家具製造の事業を行っているウーサンティンが 1,500 万チャットを拠出し、これを元手にしたことから始まった。ヤンゴン管区政府が 2 千万チャットを支援したほか、村人たち全員がお金を出し合ったが、それでも足りないため、シュエーモーウイン基金が 1 千万チャットを寄付したことで橋が完成に至ったのである。

キンニュン氏が親族とあいさつ

現在、チャウタン郡内で最近完成した橋は、モーウン川のちょうど中間くらいに位置するウェージー村とパンチャウン村を結ぶモーウン大橋である。最近、テインセイン大統領が開通式典に来てオープンさせたばかりである。モーウン川の南側に村が多くあり、以前はトングワ市を通り大回りしてチャウタンに来ていた。ヤンゴン市へはパヤーゴン村を通り行くことができたが大変遠回りになる。時間もかなりかかっていた。今、川の南側にある村の人々はチャウタン市まで車で 30 分～40 分で来ることができ、非常に便利になった。これは地方農村発展・畜産水産省の努力により実現したものである。私が政権幹部の一人だったときにさえできなかったことを、現在の政府がやり遂げたことに対して地元民を代表して私が感謝の言葉を申し上げたい。この橋はチャウタン郡内にあるすべての村に住む人々の暮らし、経済状況を向上させ、地域全体を発展させたのである。

現在、ティラワ経済特区の開発がだんだんと進んでおり、チャウタンだけでなくタンリン、トングワ、カヤンの各郡のために将来、よい成果をもたらすことを嬉しく思いここに記しておきたいと思う。

第26節　ティハ、ディパ、チュンターナ

私の生まれ故郷はチャウタン市である。以前はハンタワディ県であった。現在はヤ

ンゴン市南部県である。2千年前頃から町が栄えていた。昔はグワン町とも呼ばれていた。パーダ王国の歴代の王様が築いた古都パーダの衛星都市である。現在、オカラッパ郡区がヤンゴン市の郊外にあるように、タンリン、チャウタン、カヤン、トングワなどの町があった地域のことをティハ・ディパ島と呼ばれていたことが分かっている。そのティハ・ディパ島には古都パーダが存在し、シンムェヌン王女とミンナンダー王子の伝説、物語も存在していた。実を言うと、それは伝説ではなく本当にあった事実なのだ。本当にあった歴史である。

オカラッパ王の息子であるミンナンダー王子とパーダ王の娘であるシンムェヌンの恋物語、ガモゥイェッのワニとマレットーのワニの物語がザッダビン（舞台劇）で大変人気となった。その時代に建立されたチャイカゥパゴダやチャイモーウン水中パゴダ、チャイパーダパゴダ、チャイカモパゴダのほか、タンリンとチャウタンを結ぶ道路の沿道上に大理石でできたパゴダが多数みられる。

オゥッター・バゴーのヤーザミィジッとインワ王のミンガウンは40年にわたり戦争を行った。その時代、インワ王の息子であるミンイェーチョーゾワが戦に参加し戦死した場所、象や馬を使って戦に参戦していた記録すべき場所は、先祖代々の大人たちが伝承して現代まで語り継がれている。カヤン郡内に多くの場所が含まれている。女優のモモミィンアウンの母親など先祖代々、住んでいたタッカラという村とその周辺の地域はヤーザミィジッとインワのミンガウンたちが戦争で戦った場所として歴史に記録されている。

その後の時代、ポルトガル人のビルマ傭兵であるフェリペ・デ・ブリト（別名）ガシンカージーソーが勢力を拡大したため、タンリン市内には現在までキリスト教の教会が多数残っており、仏教パゴダに寄進された品々が持ち去られたパゴダが多数ある。チャイカゥパゴダの北側にはナッシンナウンの骨が安置されたパゴダも存在している。そして、パデータージッ大臣の墓も歴史遺産保護局が現在まで保護している。

英国植民地時代に入って、英国植民地政府はインドからチッティーと呼ばれる高利貸しのインド人を呼び入れ定住させた。チッティーのインド人高利貸したちは農民に高利息で金を貸し、利益をむさぼった。そのチッティーのインド人の象徴であるインド寺、インド人ビルなども現在に至るまで見られる。当時、私は小学生であった。英国軍が駐屯した場所と現在中学校がある場所で、たまご10個と英国軍の食糧である缶詰とを物々交換をするのが楽しみであった。

1カ月に1度だけ交換して入手できる缶詰は私たち家族にとって15日分の量であった。そのため、交換できることを楽しみにしていたのだと思う。本当のことを言うと、第二次世界大戦の真最中のため、ミャンマーの国土は英国軍と日本軍の戦場になっていた。そのため、ミャンマー全国は衰退し、国民も貧困に直面していた。最

大都市のヤンゴンも英国軍による空襲に遭い焼野原のようになり、ヤンゴン市民は
郊外の町や村へ疎開し、戦争難民にならざるを得なかった。

チャイパーダジーパゴダの境内にある宗教施設

チャイパーダジーパゴダに宗教施設を寄進した

チャイパーダジーパゴダの境内で見られる仏像。顔と胴体がバラバラの状態になっている。

1948年以降、ミャンマーは英国から独立したが、国内は平和にならなかった。あらゆる種類の少数民族武装勢力が台頭してきた。KNDOグループ、ビルマ共産党、白旗軍などが誕生し、ミャンマーは群雄割拠の時代に突入した。

ヤンゴン政府と呼ばれていた時代である。武装勢力のKNDOがヤンゴン市のほとんどの地区を支配していて、ヤンゴン市全体を占領するためにインセインの戦いなど激しい戦闘が起きた時代である。カウェーチャンの戦い、ウーセッカインチャウンの戦い、ミンダマゴンの戦いなど激しい戦闘が起きた時代である。

当時の政権が嘆願したのだろう。私たちが住むチャウタン市に駐屯していた白旗軍の一師団くらいの規模だったと思う。政府軍に協力するため、チャウタン市から援軍が出発するのを見かけたことがある。その後、白旗軍がインセインから帰還した後、白旗軍の兵士たちはチャウタンからモーウン川を渡り、南側にある村に撤退した。

その後、政府側の軍隊であるBTFと呼ばれる軍隊がチャウタンにやって来て、この町を統治したのである。

チャイパーダジーパゴダの修復を行っている際、境内で発見した古都パーダ時代の
大理石で作られた仏像の一部。

チャイパーダジーパゴダの修復中に大理石で作られたレンガ

私たちが住む地区にどこの軍隊が来ようが、軍隊が駐屯する丘のふもとに位置していたため、白旗軍が政府軍に対して大砲で攻撃するたびに、そして戦闘が発生するたびに、私たちが住む家の庭は戦場の一部になった。そのため、政府軍と白旗軍が戦闘を起こした際、私の姉の一人の腕に銃弾が命中し、入院して治療を受けたことがある。そのような戦闘がたびたび発生したため、私たちの地区の住民30世帯は地区の中にある複数の僧院に避難した。夕方になると陽が沈む前に荷物をまとめて僧院に駆け込み1年経過した。現在の言い方では「戦争難民」である。

僧院は安全な場所であったため、その後避難した家族は200世帯まで増えた。この出来事は私が小学生のときである。当時、大人たちは衣食住のことや国の将来のことを案じていたが、しかし、私のような小学生の子どもたちは将来のことを心配するようなことはなかったのである。今、大人になって、戦争の負の遺産、戦争の悪影響のことをしっかりと考え、平和や治安の安定が国家にとっていかに大切であるか理解できている。

チャイパーダジーパゴダの境内で土地を掘り起こした際にみつかった大理石の一部

**第1書記時代、崩壊していたチャイパーダジーパゴダを修復中、
敷地内の地中から大きな岩石の塊が発見された。**

私たちが住んでいたチャウタン郡には 70 の村がある。村のほとんどはモーウン川の南側に位置している。村の主な産業は農業である。現在は、米の収穫後、豆の栽培も行っている。一部の農家はひまわりを栽培している。しかしその数は少ない。天候や雨量の具合次第で収入が良かったり悪かったりする。チャウタン市に行くにはモーウン川を渡る必要があるため、交通が大変不便であった。収入の良い農家はわずかである。現在、政府がモーウン川の北側のウェージー村と南側のパンチャウン村を結び、モーウン川を渡る大橋を建設し、完成した。すべての村は社会生活上だけでなく経済的にも恩恵を受けている。この橋ができるまで奮闘努力してくれた政府と実際に橋の建設に関わった人達に感謝している。それは私だけでなく、川の南側に住んでいるすべての村人が感謝していることに間違いない。

なぜなら、村人たちがチャウタンの町まで出るのに困難がなくなったからだ。車で簡単に行くことができる。ヤンゴン市内までも車で行くことができる。社会生活上も経済的にも大きな発展が期待できるため感謝しないという人はいないだろう。

私の家族について記すのを忘れていた。私の父親は弁護士である。田舎で勤務する弁護士だ。父はトングワの生まれである。今は、親戚はほとんどいない。私は田舎生まれだ。チャウタン郡モーウン川支流にあるクンボーテイン村の出身である。その村には親戚が何人かいる。私の従兄弟、従姉妹、甥、姪、孫たちがいることが分かっている。交通、通信が悪いため、お互いに交流がなく繋がりが切れている。この前、シュエーモーウン基金が村々に支援物資を届けるために訪れた際に、親戚たちと再会できた。交通、通信環境が悪いため、親戚同士の交流や繋がりが薄れてしまうことを考えると、ミャンマーの辺境地域に住む少数民族たちと繋がりが薄れて

いることは珍しいことではない。国の経済が落ち込んでいる限り、地方農村や国境地域に住む人々の生活環境を向上させることは非常に困難である。そのため、国家を発展させるためにもっとも重要なことは、経済を発展させることであると言えるだろう。

私の両親には7人の子どもがいた。既に2人がなくなっているので、5人が残っている。その中で私が末っ子である。そのため、私の兄や姉はかなり高齢になっている。私の上は、ウーセイントゥンアウン警察長官である。現在は引退して、ヤンゴンで隠居している。その他の兄と姉二人はチャウタンで暮らしている。ときどき、挨拶に出向いている。

私が子供のころ家族はとても貧しかった。父は田舎の弁護士で、昔は事件が少なかったため、弁護士としての収入では家族を養うことは不可能であった。私の二人の姉がチャウタン市内の市場で物売りをして商売し、二人の姉が私たち家族の家計を支えていた。私が大学に入学するまで、二人の姉が商売をして稼いだお金で私の面倒を見てくれていたため、この恩を忘れるわけにはいかない。

私が小学生の時代、チャウタン市内には「無料小学校」という名前の小学校があった。校長はウーエーペー、教師としてウーエーマウンとドーキンプがいて、私にとって最初の先生だった。英語を教えてくれたのは中国系のタンシュエリャンだった。小学校を修了し、第5学年に進級するために学校を変えなければならなかった。寺小屋教育の学校だったので、トーカ学校とも呼ばれていた。その学校の最初の校長はウーマウンマウンティンで、次がウートゥンイー、その次にドーキンエームーが赴任した。

ドーキンエームーが校長のとき、私は大学入学資格試験に合格し、1956年からヤンギン大学に入学した。1959年11月にバトゥー市内にある士官養成学校の第25期生として入学が許可されたため、大学を卒業する前に士官養成学校に入学することになった。私が高校時代、学校と敷地と隣接してアトーカヤマ僧院があり、僧院の住職であるウーコンナーラ師とウーアーザヤ師の二人が生徒たちに対して常に仏教の教えを厳しく躾けた。

そのため、私たち生徒は仏教の教えや文化、伝統を師から教わった。

ヤンギン大学の1年生が修了したとき、ヤンゴン大学キャンパス内のザガイン寮に住まわなければならなかった。私たちの寮の寮長はチョーアウン先生だ。今はもう亡くなっている。1995年から1996年にかけて、大学創立100周年記念式典が開催される期間中まで、そのチョーアウン先生とはしばしば会っていた。それから、パコック・ウーオウンペー文学賞の授与式においてもいつも会っていた。なぜかというと、先生はパコックの出身であり、パコック・ウーオウンペー先生と親しい関係

にあったため、文学の学会や文学賞の授与式で会う機会があった。文学者で作家のチョーアウン先生、パコック・ウーオウンペー先生は非常に尊敬すべき人物であると言っても間違いではない。

私たちの地域にとって感謝すべきプロジェクトがある。それはティラワ地区発展計画だ。この計画はネーウイン社会主義政権時代から計画され、実現に向けて努力がなされた。しかし、実現しなかった。1988年以降の軍事政権時代にティラワ港開発計画とヤンゴン、タンリン、ティラワ鉄道計画については実現したが、ティラワ経済特区計画は実現できなかった。バンブェーダム建設計画だけは実施できた。

現在、ティラワ経済特区の開発計画が日本の経済事業家とともに進められている。この経済特区が本当に完成すれば、（昔はティハ・ディパ島と呼ばれた）チャウタン郡やタンリン郡のためだけでなく、ミャンマー全国のための最初で最大のプロジェクトと言えるであろう。

次の段階として、ティラワから河口方向にあるミーピャ地域からコンダン地域に至るまで、モーウン川を渡る新たな橋が完成したため、さらに発展が期待されている。その期待が本当に実現すればどれほど良いことかと思い、実現するよう願っている。

ティラワ経済特区に外国投資が十分に入り、大きな工場が次々に完成し製造業が盛んになったら、ミャンマーの経済分野は大きく変わるだろう。ミャンマーの経済特区計画はティラワから開始されたため、周辺地域の村々に住む人々の生活を大きく向上させるだろうと期待している。ティラワ経済特区の計画が成功し、南部の河口付近にあるミーピャ村、ズェーパー村、コンダン村までプロジェクトが拡張されれば、ミャンマーの経済は大きく発展するだろう。

以前、ティラワ工業団地の開発のために努力したことがある。そのときから、ザーマニーダム、バンブェーダムを建設し、工業団地への水の供給を確保した。そのため、現在経済特区のプロジェクトが進んでいるが、工場で使用する水には困らないだろう。将来、工場や経済事業、住宅開発、商業施設が建設されていくと、水道水の確保のために新たな方法を見つけなければならない。

軍事政権時代、ティラワ地域に商船大学を設立した。国際的に通用する航海士を育成するため、船舶を建造する技術を培うことを目的としてこの大学を設立したのである。

この大学から輩出した航海士や機関士は国際的なレベルに達しているため、韓国の船会社から求人があり採用されていると聞いている。この大学がさらに発展するよう努力しなければならない。国際貿易のほとんどは海上輸送により成立しているため、国際貿易の現場にミャンマーの航海士や機関士がどんどん送り込まれるよう人

192

材を育成しようではないか。

第27節　私の家族の人生

私は 1955 年度の大学入学資格試験に合格し、1956 年からヤンギン大学で大学教育を受けることになった。当時の教育制度に従い、理科系を選択したため物理学、化学、数学を主に学習した。私が通ったヤンギン大学は、現在ヤンギン郡区第 1 高等学校となっている。私が暮らした男子寮は学校の仮校舎だった。レンガ造りの下駄箱、葦で編んだ壁、トタン屋根、木材でできた床だった。寮一棟につき広い部屋が二室あり、一室あたり学生が 10 人分のベッドが 10 台あった。二室あったため、寮一棟につき学生 20 人まで収容できた。水浴び場、トイレは寮の建物の端にあり、レンガ造りの貯水漕が一つあって共同浴場となっていた。トイレはコンクリート打ちだしで、割と清潔に保たれていた。寮の建物は全部で 30 棟ほどあり、その中心にダイニングホール（食堂）があった。仮校舎の建物を利用していたので、その建物は今、存在しない。場所はヤンギン通りの南側に位置していた。

ピィー市内のヤダナーマンアウン・シュエビャインナー師がヤンゴンに上京された際、
第 1 書記夫妻が寄進している様子。

グゥッタリッ通りからヤンギン通りに入ると通りの右側一帯がキャンパスだった。通りの左側は建設省住宅局に務める下級公務員用の家族寮となっていた。私たちが暮らしていた男子寮のある通り近くにグゥッタリッ通りがあり、その通りには定食

屋、ラーメン屋、喫茶店などがあり、寮の食事が不味いときは外食ができた。

私たちが住んでいた寮には地方から上京した学生たちばかりだった。学生たちの親御さんは精米業者の息子、金持ちの商人の息子、地方の金持ち家庭の息子たちは毎月150〜200チャットを使うことができた。しかし、私は両親が裕福でないため、毎月75チャットで賄うように節約して生活しなければならなかった。本当に倹約していたため、75チャットで生活できた。当時は今のように娯楽施設がなかったため、支出は非常に少なくて済んだ。

次男のイェーナインウインが出家した際、次男に斎飯を捧げる

当時、地方から上京した学生たちのほとんどは大学教育を受けて卒業することに専念していたため、余計な出費はほとんどなかった。そのため、私も毎月75チャットで暮らして行けたのである。

ヤンギン大学で1年間勉強した後、ヤンゴン大学メインキャンパスに変わり、引き続き大学教育を受けた。ヤンゴン大学メインキャンパスに変わった後も引き続きザガイン寮で暮らすことができた。当時の寮の管理人はウーチョーアウン先生（作家のチョーアウン）だった。当時、ザガイン寮に住んでいた学生のコータンラインが歌った「オッッターライン・ティッター」という歌が流行していた時代だった。寮の同じ部屋で暮らしていた親友のサインアウンウインは（地下活動のために）まだジャングルに逃避していなかった。1963年頃、私が国軍の将校になった後、任務に

よりシャン州のナンサンに赴任した際、彼と話しながら一晩を過ごした後、彼はビルマ共産党に入党して地下活動に入った。

彼と同様にバスェーレーたちもビルマ共産党デルタ地帯管区、管区事務総長のイェーボー・ソータンを通して地下活動のためにジャングルに入った。彼がビルマ共産党中央委員まで昇進したとき、私は国家法秩序回復委員会の第1書記に就任していた。そこで、私は彼と連絡が取れ、話し合いの末、彼は投降した。彼は今、亡くなっている。私は彼の家族のために住処を提供したことがある。その後、私は逮捕、投獄されたため、彼の家族の状況がどうなっているのか知る由もない。仏教的な思想から言うと、諸行無常である。あらゆるものは生まれては消えを繰り返すのである。これまで経験してきたこと、過ごしてきたことを振り返るとそう痛感する。

1959年に士官養成学校を受験して、一発で合格できた。バトゥー市内にある士官養成学校の第25期生として入学した。この士官養成学校は優秀な国軍将校を養成するための教育機関であるため、私も国民のため、国家のために尽くすという崇高な精神をしっかりと培うことができた。その他、責任感、根性、根気、精進、的確な判断力、礼儀などを教え込まれた。

士官養成学校の授業が1960年に終了した後、私は少尉として任官したと同時にシャン州南部ロイリン市内にある第18歩兵部隊支部で小隊長に任命された。この歩兵部隊支部で小隊長、大隊情報部士官の任務が与えられ、1963年に革命評議会が開催する平和協議会に出席するサッセーワイン（ニャウンシュエー領主の息子）、クンチャーヌ、ウーセーティンたちをジャングルから秘密裏に呼び出し、ロイリン市内の第18歩兵部隊支部の幹部用宿舎に1週間宿泊させ、同居しているうちに親しくなった。その後、私はタウンジー市内にある第4旅団本部に異動した。

初孫のマウンアウンゼーリャの誕生パーティー

二人目の孫であるマウンタンポンミャットゥーが幼い頃、
祖父祖母と共に楽しい家族生活を送っていた。

1964 年、ヤンゴン第 1 医科大学に通っていた医科大生のキンウインシュエーと結婚
したが、妻のキンウインシュエーは医科大学で研究を続け、1966 年に医師の資格を
得た。

1965 年、南西軍管区本部において参謀長（第 3 級）として異動した。前半はティン
スェー副管区長の参謀として任命され、後半はセインルイン大佐の参謀となった。
1966 年になると、第 77 軽歩兵師団本部が設置されると同時に、ティンスェー大佐
が私を呼び、師団長の秘書役としてヤンゴン管区モービーに異動となった。私たち
の住処はミンガラードンに与えられたため、毎日ミンガラードンからモービーまで
通勤することになった。しかし、これも短期間であった。師団本部が担当する戦場
はバゴー・ヨーマ山脈にあるため、チュエボェーに行ったり、ピューに行ったり、
ニャウンレービンに行ったりして、ビルマ共産党の壊滅のために作戦を展開してい
たため、最前線の第 77 軽歩兵師団本部は一つの場所に固定されるということはなか
ったのである。しばしば、本部が移転しその場所から指揮監督していたわけだ。

私たちはミンガラードン 9 通りにある家で生活した。私の妻は北オカラッパ地域保
健所に医師として配置されたため、通勤が便利になるように北オカラッパエーヤー
通りに小さな家を賃貸した。当時の家賃は 60 チャットだった。当時、長男のゾーナ
インウーと次男のイェーナインウインという息子 2 人が生まれていた。

ヤンゴン市内アロードーピィ僧院において私、キンニュンと息子、孫が出家し、ア
ロードーピィ師と共に写真撮影

私の息子、孫、孫娘全員が出家して少年僧や尼になり、
私の家を訪問した際に斎飯を捧げる。

当時、子どもたちはまだ幼かったので学校に行っていない。私は毎週土曜日と日曜日にミンガラードンから北オカラッパに行った。それはバゴー・ヨーマ山脈における戦闘が休戦となっているときに可能であった。

1969年、南東軍管区本部のあるモーラミャイン市へ軍管区長の秘書役として異動となり、モン州、カレン州、タニンダリー管区のイェー、ベィッ、ダウエー、コータウン、ミャンマー近海、ベィッ諸島などあらゆる地域を訪れた。当時、ミャンマー・タイ国境における密貿易、地下経済が発達した時代であり、ウーヌ元首相が主導する国外に逃亡した武装グループが誕生した時期であったため、民主主義のシステムを初めて研究し始めた時期でもあった。また、真珠の養殖や真珠の加工についての知識を勉強する機会も得られた。モーラミャイン時代に三女のティンミャッミャッウインが生まれた。

1973年になると、第1シャン州砲撃隊に中隊長（少佐）として異動した。そのとき、私の妻であるドクター・キンウインシュエーもほぼ同時期にヤマンゴン郡区の保健所に異動となったため、家族生活は順調であった。

第1シャン州砲撃隊に1年以上赴任した後、1974年にタウングー市内にある中部軍管区本部において参謀長（第2級）として異動した。当時の軍管区長はタンティン大佐（現在、野党の党首）であった。軍管区長の指揮の下、バゴー・ヨーマ地域の戦場で作戦を指揮する部隊において参謀として参加した。私の家族はヤンゴン市内に残っていた。

中部軍管区本部において1年以上赴任した後、1975年に国軍総司令部（陸軍）本部に参謀長（第2級）として異動となった。当時の国軍最高司令官はトゥラ・ティンウー大将（現在、国民民主連盟 NLD[4]の名誉総裁）で、副司令官はトゥラ・チョーティン大将だった。

---

[4] National League for Democracy

2012年4月、子や孫たちが比丘や沙弥となり、孫娘たちがティラシンとなったとき

当時の私の上司は、参謀長（第1級）のタンシュエー中佐（元上級大将）で、そこで約4年間、任務を遂行した後、ラカイン州シットゥエー市にある西部軍管区本部の傘下にある第20歩兵部隊支部において大隊長として昇級し赴任した。妻のドクター・キンウインシュエーもシットゥエー市内にあるシュエーピャーディッ病院に異動となり、家族全員がシットゥエー市内に仲良く住むことになった。

私がシットゥエーに異動となった1978年、ナガーミン作戦が開始されていたため、ベンガル人問題を初めて扱うことになった。当時の軍管区長はミンガウン大佐であった。しばらく時間が経った後、国連の仲介によりヒンダー政策を実施し、バングラデシュに避難したベンガル人を再び受け入れる政策を実施する責任者としてマウンドー、ブーディーダウン、ヤテータウンの各郡において大隊長の私が軍管区長の指揮監督の下、担当することになった。

避難しているベンガル人をきちんと審査し彼らが元々生活していたそれぞれの村へ帰還させなければならない。国連難民高等弁務官事務所(UNHCR)の協力を得て支援物資をきちんと運送した。

ラカイン州で3年以上大隊長として勤務した後、1981年に国軍総司令部、第1作戦特別部隊室に参謀長（第1級）として異動となった。当時の作戦本部長はラウー少将だった。この第1作戦特別部隊室において1年ほど勤務した後、1982年に第44軽歩兵師団本部に作戦参謀長として異動となり、カレン州における作戦を担当することになった。私の家族はシットゥエーからヤンゴンに移動し、ヤンゴンに生活の本拠を置いた。私の妻はヤンゴン市内の各病院を巡回する担当となった。

キンニュン氏とともに孫たちが比丘、沙弥、ティラシンとなったことを記念して

私、キンニュンや息子、孫、孫娘が出家して僧侶、少年僧、尼になり自宅へ托鉢に訪れる。

私、キンニュンや息子、孫、孫娘が出家して僧侶、少年僧、尼になり自宅へ托鉢に訪れる。

2012年、恩赦を得たあと、キンニュン氏と息子、孫、孫娘たちがそろって比丘、沙弥、
ティラシンとなり、自宅へ向かって托鉢行をおこなっているところ

カレン州において作戦部隊長としての任務を遂行した後、1983 年 12 月、国軍情報部の局長に就任するため国軍総司令部本部に再度赴任することになった。その時から、ヤンゴンから出ることはなくなった。国家から与えられた任務を誠実に、忠誠心をもって担当した。この仕事は 2004 年まで続いた。2004 年 9 月、当時の政権は私を逮捕し、禁錮 44 年の実刑判決が下された。当時、国家から与えられた任務、国軍の任務すべてが解かれた。国軍情報部という巨大組織も解体された。国軍情報部の幹部や将校たちのほとんどは有罪判決を受け長期にわたり投獄された。そして、最近になり恩赦により釈放された。

仏教的な思想で言うと「諸行無常」である。「生まれては消え、消えては生まれる」の繰り返しである。すべての生き物は死を避けることはできないという仏教の教えを再認識した。

私には二人の息子と娘が一人いる。長男のゾーナインウーは国軍の大隊長の役職にあるとき、逮捕された。現在は釈放され、零細事業を行い苦労しながら人生を過ごしている。次男のイェーナインウインは医師の資格があるが、IT の事業に興味があり、バガンサイバーテックという会社を立ち上げ、インターネット接続事業を行っていたが、父親が逮捕されたことに伴い、次男も逮捕された。現在は釈放され、IT事業は行わず、喫茶店の事業を行いながら、小規模の事業をいくつか行っている。長女のティンミャッミャッウインは、夫のマウントントゥッが逮捕されると、私たち両親と共に暮らし、息子たちの教育のために骨を折った。

2013 年 12 月、インセイン・アウンサン・トーヤタッウー僧院において
2 回目の修業を行っている様子

キンニュンと妻のキンウインシュエー夫妻の息子、娘、孫、孫娘が勢揃い

現在は造花の制作事業を行っており、トーウインセンターに小さな店を出して苦労しながら人生を生きている。しかし、息子、娘たち全員は衣食住に困ってはいない。立派な経済事業家ではないが、なんとか小さな事業で生き延びている。国民とともにまっとうな人生を送っているのである。

私の家族は、息子と娘が 3 人、息子の嫁が 2 人、娘の婿が 1 人、孫が 7 人、皆が平穏に暮らしている。初孫は今、医師の資格を得て、熟練した医師たちから医学の指導を受けている。今、楽しい家族生活を送ることができている。

第 28 節　シュエーモーウン社会貢献団体の医療活動

2015 年 11 月 1 日
本日は、チャウタン市内に本拠を置くシュエーモーウン社会貢献団体による 4 回目となる巡回医療活動の出発日である。この巡回医療活動には多くの専門医が参加し、村々を巡回する。このように村々を巡回する活動は今回が 4 回目となる。1 年に 1 回だけの企画である。15 の村の人々に呼び掛けて、事前に申し込みを受け付けている。チャウタン郡のカンビャウン村に拠点を置き、その周辺の村の患者たちが治療を受

けられるように準備している。治療に来た患者たちに治療を施すだけでなく、1週間から10日分の薬を処方して無料で渡している。視力検査を行い、眼鏡を作って無料で渡している。また、訪れた患者だけでなく付き添いの人たちにも無料で食事を提供している。1日だけの無料奉仕活動であるが、効果的に治療を行い、十分な支援活動を実施できた。

2015年11月1日、シュエーモーウン社会貢献団体の第4回目となる医療奉仕活動のためにチャウタン郡カンビャウン村に向かう専門医たち

2015年11月1日、チャウタン郡カンビャウン村を本拠として2,015人の患者が専門医から治療を受ける。シュエーモーウン社会貢献団体による医療奉仕活動である。

私たち医療奉仕活動隊は45人乗りの大型バスを1台と乗用車4台でヤンゴン市を午前7時に出発した。チャウタン市内に入る前のタマンウーという村から舗装された細い道路に入り、カンビャウン村へ向かったところ、午前8時45分に目的地に到着した。

到着すると、患者たちがすでに待っていた。患者リストを作成し、診察カードを配布していたので、午前9時には専門医による治療を開始することができた。カンビャウン村には僧院が3カ所あり、その中でトゥンダヤ師がいる僧院を使用させてもらい、治療を行った。その僧院の敷地は大変広く、お堂も広いため都合が良い。産婦人科の専門医だけは農村保健所で治療を行った。治療に必要なスペース、施設などはトゥンダヤ師にすべて手配していただいた。チャウタン市内のボランティア団体、赤十字の隊員など総勢100人のボランティアが駆けつけ、協力してくれたほか、カンビャウン村からもボランティア50人くらいが参加し協力してくれたのは本当に頼もしい限りである。

私はこの場所に来たついでに、周辺の村であるクンボーテイン村、チャーウイン村、チョウンカン村にボートで渡り、社会貢献活動や宗教的な活動を行うことができたため、とても充実したものとなり、功徳を積むことができた。農村に暮らす村民たちが望んでいることを叶えることができた。

本日の医療奉仕活動では、以下のように専門医たちが多くの患者を診察、治療することができたため、医師も患者も大変喜んでいる。

シュエーモーウン社会貢献団体が農村に暮らす村民のために医療奉仕活動を行い、
第4回医療奉仕活動に参加した専門医たちが患者に対して無料で医薬品を渡している。

2015年11月1日、チャウタン郡カンビャウン村を本拠として周辺の村々に住む村民のために医療奉仕活動を行っている。治療を受けるために来ている患者たち。

1. 目の治療を受けた患者　　　　　　　　628 人
2. 産婦人科の患者　　　　　　　　　　　 33 人
3. 内科の患者　　　　　　　　　　　　　344 人
4. 整形外科の患者　　　　　　　　　　　140 人
5. 小児科の患者　　　　　　　　　　　　 70 人
　　　　　　　　　　　合計　　　　　　1215 人

6. 患者 6 人にヤンゴン市内の病院で外科手術を受ける手配を行った。
7. 患者 5 人にヤンゴン市内の眼科医で手術を受ける手配を行った。
8. 子供の患者 1 人にヤンゴン市内で治療を受ける手配を行った。

今年のシュエーモーウン社会貢献団体の医療奉仕活動に積極的に参加した専門医は以下のとおりである。

1.　ウーティンミィン（インセイン郡区ティリーサンダー病院院長）
2.　ドクター・ウーウインライン（外科医）
3.　ドクター・ウーキンマウンティン（整形外科医）
4.　ドクター・ウーウインコー（産婦人科医）
5.　ウーテインアウン（小児科医）
6.　ドクター・ドーテーヌェー（内科医）
7.　ドクター・ドーユザナソーミィン（小児科医）

8.　ミャテインハン准将（退役）（外科医）
9.　ドクター・ウーココティン（眼科医）
10.　ドクター・ドーティンティンリン（眼科医）
11.　ドクター・ドーイーイーウイン（内科医）
12.　ドクター・エーサンダーウイン（内科医）
13.　ドクター・ソータィットゥー（内科医）
14.　ドクター・スェージンセイン（医師）
15.　ドクター・イェーウインアウン（内科医）
16.　ドクター・チートゥー（内科医）
17.　ティリーサンダー病院から
　　　看護師、手術室のオペレーター、眼鏡の専門職員、准看護師が応援

チャウタン市内のアトーカ無料医院、シュエーパラミー無料医院、シュエーモーウン無料医院の医師や看護師の多くが応援に駆けつけてくれたことは心強かった。
今回、私が個人的に訪問した村々の中で、電気がまだ通っていなかった村に電柱が設置され、電線が敷設されているのを見て、村人に代わってとても嬉しく思った。

多くの村で不足しているものは、電気、きれいな飲み水、村を結ぶ生活道路である。農村では、世帯数や人口の違いによって、高等学校、中学校、小学校の設置状況は変わってくる。小学校を卒業後、中学校や高等学校に進学する場合、村を結ぶ生活道路が良くならないと、通学に支障をきたす。道路が良くなって初めて通学が便利になる。村を結ぶ道路がない場合、田んぼの中を通って通学するしかないため、大変困難である。

私が実際に見た現場であるクンボーテイン村には小学校しかないため、小学校を卒業した子どもたちは1マイル離れたピンマカン村まで通学しなければならない。ピンマカン村は大きな村であるため、高等学校が設置されている。クンボーテイン村に住む子供たちは田んぼを通ってピンマカン村まで毎日、通っていた。

乾季ではあまり困難はないが、雨季は大変である。

昨年、私がクンボーテイン村を訪問したとき、村の世話役たちが村のことを話してくれたため、実情が分かった。そこで、子供たちの通学の便が良くなるように、バイクが通れる道（コンクリート道）をシュエーモーウン社会貢献団体に基金から資金を拠出して作った。子供たちの通学が非常に便利になったことを見て心から嬉しく思った。

清潔な飲用水の確保と排泄物処理システムの向上は村人たちが必要としているものである。このような基礎的なインフラの整備を政府が行うことができれば非常に良いと思う。

以前、政府の主導で公衆衛生向上運動が行われたことがあるが、これをさらに進めていくことができれば国民の健康増進のために効果的であると思う。

シュエーモーウン社会貢献団体による医療奉仕活動に参加してくれている眼科医とスタッフが患者に対して診療活動を行っている様子。

2015年11月1日、カンピャウン村を拠点に周辺の村々の人々のために行った医療奉仕活動において無料で配布された医薬品類。シュエーモーウン社会貢献団体による寄贈。

**村々にある小学校を訪問して子供たちと面会し、支援物資を寄付している様子。
チョンガン、チャーウイン、クンモーテイン、クンビャウンの村々に対して
支援活動を行った。**

私たちと関係がある地方農村には田畑を所有している者もいれば、所有していない者も多くいる。所有している者は、ある程度生活の余裕があるが、所有していない者は、大変な貧困に苦しんでいる。そのため、農業の機械化を無理やり進めることができない。今、貧困に喘いでいる人たちのために、雇用を創出することが必要となっている。各地域、各村々で製造業の事業を創設することが喫緊の課題となっている。政府が主導して中小企業による製造業の創設を各地域で実施するべきであると提案したい。

第12章　少数民族と共に

節	内容
29	懐かしのカチン州
30	カレン州とモン州で得られた経験
31	天女ドゥエメーノーとグェータウンピィー（銀山の国）
32	パントーミー・ワーカ・メーパレーとアジアハイウェイ
33	懐かしのチン州
34	血の繋がりがあるモン民族とビルマ民族
35	美しきラカイン州
36	麗のシャン州
37	ミャンマー最南端に暮らすサロン民族
38	チンドゥイン川の源流に住むナーガ民族
39	パオー地域とインレー湖の思い出
40	カレン民族評議会(KNU)との停戦が実現
41	ザガイン管区のカボー盆地
42	政府による和平実現への努力
43	2015年総選挙で勝利を収めた国民民主連盟（NLD）

第29節　懐かしのカチン州

私が国家法秩序回復委員会において第1書記として就任していた時期、1989年から和平協議を開始した。その成果としてコーカン族のグループ、ワ族のグループ、マインラー族のグループ、シャン族のグループが法律の枠内に戻り、カチン州のウーサコンテインレインが主導するバカパ（ビルマ共産党101戦地）グループが展開する中、KIA（カチン民族独立軍）の議長であるウーバランサインが「和平の実現のために気長に彼らを待ってほしい。コンタクトポイント（連絡事務所）を設置してほしい」と要請してきたため、長期戦で彼らの反応を待っていた。そうしているうちに、ウーバランサインが亡くなったことは残念なことであった。

しかし、私たちには待った成果があった。ナンバーツーのウーゾーマインが努力を続けたため、1994年からKIAと和平協議を開始し、その年に和平協定に調印することができたのは、大変喜ばしいことである。

1994年2月23日、和平協議が成立したことを祝い、パダン・マノー祭りに参加する
キンニュン第1書記とKIAのトップであるウーゾーマイン、和平仲介者のウーサブェジュン

1994年2月23日、ミッチナー市内で行われた和平協議が成立したことを祝い、
パダン・マノー祭りに参加するキンニュン第1書記とKIAのトップであるウーゾーマイン、
和平仲介者のウーラワン、ウーサブェジュン

1994年、カチン州において KIA と和平が成立したことを記念してミッチナー市内に
平和センターを建設するための竣工式にキンニュン第 1 書記、KIA のトップ、
仲介者などが出席した。

KIA が和平協定に調印した後、私たちはカチン州の発展のために最大限努力した。

私自身が KIA 本部を訪問し、指導部たちと話し合いを行い、できる限り不足してい
ることを補充した。このようなことが実行できるように和平仲介者であるウーラワ
ン（元大使）、宗教指導者のサブェジュン、若者の指導者であるコークンミャッに対
して感謝申し上げる。これらの人物の昼夜を問わない奮闘努力により和平が実現し
たのである。

カチン州には発展が遅れている地域が多数ある。非常に有名なプータオ地域には東
南アジアでは唯一の雪を頂いた雪山が存在する地域である。カカボラジという雪山
はプータオ地域にある。しかし、交通が非常に不便なため、外国人観光客どころか、
ミャンマー人でさえ足を踏み入れるのが困難である。

キンニュン首相、大臣、副大臣たちがカチン州ミッチナー市内で行われるマノー祭りに参加

ミャンマー母子協会のドーキンウインシュエー会長がカチン州を訪問

ミッチナーからプータオまで道路はあるが、乾季の時期のみどうにか通ることができる状態で、雨季になると空路以外の方法はなくなる。毎年、プータオまで食料を届ける車の列のために道路の修復にかかる費用は莫大である。しかし、車の列が通った後、道路の状態が悪くなり、空路しか使用できなくなる。

ナウンムン郡への交通についてもろくな道路はない。乾季にジープのみ走行できる道が1本だけある。その地域に住んでいるラワン族やリス族の住民のことを考えると同情する。私はヘリコプターで1年に1回のペースで訪問していたため、少数民族の人たちのことを哀れに思った。

ナウンムン郡から先に進むと、車が通れない細い道にパンナンディンという村がある。30世帯しかない小さな村である。その村からさらに先に進むと、カカボラジ山への登山口にあたるグーバーという登山キャンプに到着する。以前、私が少佐の時代、国防省の参謀（第2級）として任務に当たっていた時期であった。そのグーバーという登山キャンプにヘリコプターで行ったことがある。1975～1976年ごろだったと思う。

第1書記の妻キンウインシュエー医師とともに、ミャンマー駐在武官夫妻らが、
カチン州プータオに到着したところ

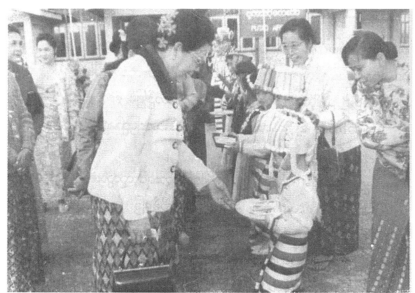

第1書記の妻とミャンマー駐在武官夫妻らが、プータオ空港に到着したところ

そのとき、私は北部軍管区が管轄する地域も担当しており、国軍最高司令官の視察に同行していた。当時の国軍最高司令官はトゥラ・ティンウー将軍（現在、国民民主連盟の名誉総裁）であった。将軍の視察旅行に同行していたため、この地域を訪れたことがある。その地域は交通が非常に不便なため、ヘリコプターでさえ非常に困難であった。危険が伴う移動であった。天候も非常に変わりやすかった。そのため、ヘリコプターのエンジンを止めることなく、移動できる限り次から次へと移動を続けたのである。ゆっくりと仕事をする時間もなかった。カチン州の多くの地域は交通が非常に不便なため、発展が遅れているのである。

カチン州でもうひとつの地域としてチーブエ郡のパンワー地域がある。ウーザコンテインイェンが支配する地域である。私が第1書記の時代に3回ほど訪れたことがある。

ヘリコプターで入れる地域であるが、天候の状況を見てやるべきことを行っていた。ゆっくりのんびりする時間はない。やるべきことをさっさと片付けながらやるしかなかった。天候が変わる前にすぐに飛び立てるように常に準備を怠らなかった。

ミッソン

中国国内の道路の状態は非常に良い。大型車や小型車がパンワー市内まで入れるようになっている。ミャンマー側の道路の状態がいかに悪いかが認識できた。パンワー市の周辺の丘にはミャンマー・中国両国の国境を表す石の指標があるので、その場所まで行ってみたことがある。写真をたくさん撮った。しかし、その写真はもう私の手元にはない。そのパンワー市内にパゴダを建立したり、学校の校舎を建てたりできたことが成果として残った。

私が先に述べたパンナンディンという村は今では都市になっている。私たちの国家元首が都市を発展させるよう基本方針を定め、当時内務大臣のウーティンラインと相談してナウンムン～パンナンディンを結ぶ道をバイクが通行できる道路として拡張し、その道路を利用して都市に発展させるための資材、材料や公務員のための食糧をバイクで運ばせた。今、その街がどのような状態になっているのか知る由もない。

私が聞いたところでは、ミッチナー市内で布教活動を行っているウントー師は地域内の移動が大変という理由で担架に乗って移動していたそうである。そのような方法により移動しながら布教活動を行っていたのである。その地域に暮らしている少数民族はヤワンとタヨンという少数民族であった。また、中国側から流入して来たチベット系の民族も見られた。すべての村々は、その場所にしっかりと根付いているわけではない。

キンニュン首相、12月29日にカチン州ミッチナー市内マリカイェッターにおいて行われた
カチン民族の伝統的な習慣であるインロンインナン（カウッティッ）という夕食会において
和平が強固なものとなるよう祈念して吉祥の銅鑼を鳴らす。

豆などの穀物を栽培しては移動しながら生活する民族である。そのため、村々はし
っかりと根付くことはなく、移動を続ける人々が住んでいる村である。

軍管区長がチョーバ少将のとき、水力発電所を建設したことがある。ミッチナー市
の北部、モーカウン、モーニン地域で行ったプロジェクトもある。歴代の軍管区長
にわたり、ミッチナー、バモー、モーニン地域で総合大学や単科大学などを新設し
た。軍事政権時代にカチン州で行ったプロジェクトは非常に多かった。

カチン州内に暮らしているジェインポー、ローウォー、ラチェィ、ヤワン、リス、
ザインワーなどの少数民族たちはそれぞれの伝統文化や習慣を大切にしている。

大変愛すべき、大切にすべきカチン民族の伝統的慣習はカウッティッと呼ばれる夕
食会とマノー祭りである。カチン民族の伝統的な行事であるカウッティッと呼ばれ
る夕食会は、毎年新米が収穫される際、最初に収穫された新米を自分たちの長に対
してご馳走し、表敬したり、遠方から訪問した友人、知人たちにご馳走したりする
伝統的な習慣は民族同士の絆を強固にするもので、大切に保護すべきものである。

キンニュン首相、12 月 29 日にカチン州ミッチナー市内マリカイェッターにおいて行われた
カチン民族の伝統的な習慣であるインロンインナン（カゥッティッ）という夕食会におい
て、各少数民族の代表者たちと和平を祈念する銅鑼と共に写真撮影を行う。

カチン民族の伝統的習慣としてマノー祭りがある。この祭りはカチン民族の歴史を
基盤にし、信仰する宗教に関わるならわし、伝統的な文化などの中身が詰まった、
規模がもっとも大きくもっとも崇高な祭りである。カチン民族の経済的事業の発展、
健康の増進、新しい地域、新しい住居を築くこと、すべての敵に打ち勝ったことを
記念すること、文化の祭典として、様々な意味や様々な内容に満ち溢れた、大変絢
爛豪華な祭りである。

第 57 回連邦記念日の式典実行委員会議長のキンニュン首相、
第 57 回連邦記念日の祭典に出席する各少数民族代表者と親しく懇談

カチン民族独立軍（KIA）と和平が成立したことを記念して、
パダン・マノー祭りに参加するキンニュン第1書記、大臣とカチン民族の代表者たち

カチン正月を祝うカウッティッの食事会に出席した第1書記と
宗教指導者のウーサブェジュンとKIAの指導者であるウーゾーマイン。

**キンニュン第1書記の妻、ドクター・キンウインシュエーとミャンマー女性問題委員会の
委員がカチン州ミッチナー市を訪問し、女性問題に関するセミナーを行う。**

マノー祭りの開催に伴い、祭りの準備、会場の選定、マノー祭りを象徴する柱の制
作と設置、マノー祭りの踊りの練習など、伝統的な習慣を重要視して実行している
様子が分かった。

カチン州は地政学的な見地から、またインドと中国という二つの大国と国境を接し
ているという立地から、非常に重要な位置にあると言える。第2次世界大戦のとき、
英国が主導する連合国軍が中国に進出するために、インドと雲南省を結ぶリド街道
を開通させ、連合国軍の戦略的な目標の一つを達成した。

英国による植民地時代、インドは帝国主義政策を進める欧米諸国の拠点となった。

帝国主義者たちの軍事的、経済的な戦略を、インドを拠点として進める際、海上交
通により拡張することは容易であったが、内陸交通により拡張するにはこのリド街
道を通るルートが中心となった。このリド街道を通り、中国や東南アジア諸国に展
開する目的で建設したと想像できる。そのため、カチン州内のリド街道は英国植民
地主義の戦略として建設されたものである。この歴史的な事実を忘れるべきではな
いと思う。

この他に重要なことは、カチン州プータオの北側にカカボラジ山という雪を頂いた
山があり、この山はミャンマーで一番高い山である。この山を訪れる人は少なく、

前人未到の場所も数多く残っていると考えられる。この地域には非常に貴重な鉱物資源が埋蔵されている可能性があるため、カチン州は非常に重要な州と認識すべきであると記したい。

キンニュン第1書記夫妻、ミャンマーに駐在する外国大使館の武官夫妻たちが
カチン州プータオに到着した。

戦争難民に同情する

カチン州には子供、大人、高齢者、病人など10万人の戦争難民が存在している。同じ国の人同士がお互いに戦闘を行っている。戦禍から逃れた市民たちは難民キャンプ、仏教の僧院、キリスト教の教会などに避難している。子供たちや学生たちは学校に行くことができず、両親たちと共に避難生活を送っている。

現在、カチン州では戦闘がしばしば起きているため、故郷に帰れず難民キャンプで不規則な生活、十分でない食事で暮らしている市民たちのことを思うと、人道的な見地から同情を禁じ得ない。

内戦が長引くに従い、支援物資も乏しくなり、食べ物、飲み物が不十分になり生活が困難になっている。雨季に入ると、一部の難民キャンプでは雨漏りがしたり、排泄物の処理が十分に行われず、清潔な水が入手できないなど衛生的に劣悪な環境になっている。
10万人の難民に対して支援してきた国内・国外の団体にとっても、4年以上も難民

生活が続くとなると支援が困難になってきている。現在、和平協議が行われていることは好ましい状況ではある。和平協議が成功すると信じている。この時期に避難生活を送る戦争難民たちが自分たちの故郷に帰還できるよう、国軍、武装勢力の双方が人道的な見地と寛大な気持ちをもって行動できればよいと思う。

私たちの国に暮らしているすべての民族は皆、兄弟、親戚のようなものである。異なる考え方、要望する権利が得られないこと、忘れることができない紛争、感情などにより、戦闘が起きてしまう。この戦闘は現在まで終わることがない。大人たちにとっては忘れることは良くないのかもしれないが、内戦について何も知らない子供たち、無実の市民にとって良い遺産とは言えない。平穏で楽しい人生が送れるようにすることはすべての人に責任がある。皆が平和な人生を送ろうではないか。

1994 年、カチン民族独立機構（KIO）と和平協定に調印した後、
KIO のウーゾーマイン議長とキンニュン第 1 書記、軍管区長のソールイン少将、
各大臣たちが会議場から出ている様子。

第 30 節　カレン州とモン州で得られた経験

私は 1969 年に南東軍管区本部、軍管区長のティンスェー大佐の世話係としてモーラミャイン市に着任した。当時、軍管区長は地域の党支部の議長も兼任していたため、軍事だけでなく、経済事業に関する任務も与えられていた。それ故、モン州だけで

なくカレン州やタニンダリー管区も担当していた。

当時、旅団の組織は廃止していたが、カレン州パアン市内に拠点を置く第11旅団だけは廃止されることなく南東軍管区本部の監督の下、存続し治安維持活動を担当していた。第11旅団の旅団長はサンミャッシュエー大佐である。

カレン州とモン州ではカレン民族評議会(KNU)とモン州新党という武装勢力が活動しており、ウーヌをトップとする国外逃亡の武装勢力はタニンダリー管区を中心に活動を行っていた。モン州、カレン州、タニンダリー管区に住む少数民族や市民たちの生活状況は非常に哀れである。

国内平和事業の初期、停戦が成立したことを記念してティンジャン（水かけ祭り）の期間中に平和の印である白いハトを放す。

南東軍管区本部の監督下にある大隊も、地域の治安維持と作戦実行を担当していたため、地域の平和、国民生活の保障、衣食住、社会福祉というものはまったく後回しだったと言わなければならない。そのため、モン州とカレン州に暮らす人々の人生は地下経済や闇市場に頼らざるを得なかった。

ミャンマーとタイの両国は国境を接しているが、ミャンマーのほうは非常に遅れている。国境貿易もきちんとした規則に従っているわけではなく、国民の多くは地下

経済や闇市場に依存している。そのような地下経済や闇市場を主導している経済事業家は少数民族武装勢力に、みかじめ料を納めたり、国軍兵士に出くわしたときにも、何らかの貢物を献上したりして、ときにはそれらの貢物の効果がなく、国民に損害が生じることもあった。

1995年12月5日、ウインガ師がモン州内の和平のためウークンミャッに対して説教をしているところ

当時、モーラミャイン市は大規模な闇市場が出来上がり、ヤンゴン市に闇物資を輸送する中継点として発展した。闇物資はトラックや鉄道などで輸送されていた。このような地下経済は悲しく残念なことである。これらのことは本当のことである。軍管区長となった私の恩師は地下経済の不正に関わらないように注意していたため、清潔な人物として名前が知られた。

当時の副軍管区長はテイングェー大佐、バンクール大佐で、バンクール大佐に代わりキンマウンタン大佐が着任した。

副軍管区長になった人たちも大変実直な人物だったため、軍管区長も非常に仕事がやりやすかったことを私が一番知っている。

私は南東軍管区長において軍管区長の世話係として1969年から1973年まで就任したため、モン州やカレン州だけでなく、タニンダリー管区もほとんどの地域を訪問

した。

軍管区長は軍事、組織の強化だけでなく経済事業に関しても責任を負ったため、チークの森林の保護、ゴムの栽培、鉱物資源の採掘、近海漁業、真珠養殖事業などを重視して行った。

1995年、モン州新党が法律の枠内に戻るための努力をした和平仲介者のウークンミャッ、ナインペーテイン、ナインキンマウンとそのグループ

当時、ミャンマー・タイ国境地域にあったチークの森林は大変豊かであった。しかし、現在はほとんどなくなっている。

鉱物資源に関しても、ダウェー地域にあるヒンダー鉱山は大変有名である。毎年、産出量を制限する中、採掘事業が行われた。私の上司である軍管区長が私に言った言葉がある。当時のネーウイン大統領が軍管区長や大臣に対して機会があるたびに繰り返し言った言葉である。「我が国には地上、地下を問わず資源が豊富に存在する。この資源を無駄遣いしてはならない。むやみに採ってはならない。将来のために温存しなければならない」と私の上司がネーウイン大統領の言葉を私に対して伝えたのを覚えている。このことを考えると、ネーウイン大統領がいかに国家のこと、国家の将来のこと、国民のことを考えていたかということがよく分かる。

1996 年 2 月 22 日、国家法秩序回復委員会のキンニュン第 1 書記、
第 2 回和平会議に出席したカレン民族評議会(KNU)の代表団とヤンゴン市内で面会。

1998 年 4 月、ミャンマー政府と KNU 中央執行委員会および経済事業の責任者である
パドーアウンサンが主導する代表団との間で行われた武器と平和を交換する式典において
キンニュン第 1 書記とパドーアウンサンが握手。

その後、国軍情報部の幹部として任務を遂行しているときもネーウイン氏が同じようなことを話したのを直接聞いている。

私たちの領海には頻繁に外国（タイ）の漁船が侵入して違法操業を行っているため、しばしば漁船を取り締まっていた。彼らの領海では水産資源が枯渇しているため、我が国の領海に侵入してしばしば密漁を行っている現場を何度も目撃したことがある。当時、我が国には地上、地下資源のほか魚やエビなどの水産資源も豊富であった。そのため、それらの産業が盛んになり、就業機会が少ないということはなかった。しかし、現在はそれらの資源が乏しくなり、製造業など中小企業の振興が期待されたほど伸びていないため、ミャンマー労働者の多くが合法的または非合法な手段で外国へ出稼ぎ労働に出ていることは非常に残念なことである。

1982 年に私はまたカレン州に戻ることになった。第 44 軽歩兵師団本部に作戦参謀長として作戦実行の任務を遂行するために赴任したのである。師団長はミャティン大佐で、西部軍管区長として異動となった後、ミィンアウン大佐が新師団長として赴任してきた。そのとき、師団内の管理方法がまったく変わったことに気付いた。私たち国軍内でも監督する幹部が交代すると管理方法ががらりと変わってしまうのが普通で、これは伝統のようになっている。

1996 年 7 月 4 日、国家法秩序回復委員会のキンニュン第 1 書記、
第 3 回和平会議に出席したカレン民族評議会(KNU)の代表団に対してヤンゴン市内で面会

これは私たちミャンマー人の国民性によるものであると認識している。これは良い伝統であるとは言えない。

私は第44軽歩兵師団本部で第442作戦参謀長として任務を遂行していた時期、パアン県やコカレィッ県において作戦部隊や作戦小部隊とともに作戦の対象地域で移動戦略を監督した。1カ所の駐屯地において2日を超えて駐屯することは許されず、もし、2日を超えて駐屯した場合は、本部から警告を受ける。本部から「なぜその場所に2日を超えて駐屯しているのか」と質問されるのである。本部からそのような質問を受けたくないため、2日間駐屯した後はすぐに他の場所へ移動した。これは敵のワナにかからないようにするための戦略の一つであると認識した。

当時、カレン民族評議会(KNU)の実行部隊が我々国軍に対して奇襲作戦や待ち伏せ作戦により攻撃を受けることがあったため、敵を撹乱するために移動作戦を継続していたのである。戦闘がしばしば起きたのは、KNUのソージョーニーの作戦小部隊とチョートゥトゥの作戦部隊である。現在、ソージョーニーはKNUの軍事部門の幹部になっている。チョートゥトゥのほうは戦闘で戦死している。一旦戦闘が起きると両軍に死者や負傷者が発生するのは当然のことである。実際、どちらが勝利を収めるということはない。自分たちの同じ国民同士で考え方の違い、自分が望むことが得られないことから感情的なことが原因で戦闘が起きるのである。このような戦闘はいつになっても終結しない。

2004年の初頭、タイ国王軍が和平のために大いに協力してくれた。
ミャッニン大将、パドーソーソー、コークンミャッとタイ国王軍の幹部

考え方の違いを話し合いにより解決し、国家の平和、国家の発展、国民生活の向上を目的として、お互いに話し合いを継続すれば戦闘は終結するのである。

お互いに実直で誠実な気持ちを持ち、お互いに信頼し合うことにより国内の平和は必ず達成する。私は国全体が兄弟のように血が繋がった関係で団結した国になるよう努力してほしいと願う。今はそれを実行すべき時が来ている。時代やシステムが変わっているので、国内平和も実現できると思う。

私は 1989 年に第 1 書記として就任したときから国内を平和にしたい希望があり、それができる立場になったため、双方の信頼の醸成、疑念の払拭を基本にして和平のための基盤である停戦協定と地域の発展事業を行うことができた。その結果、少数民族武装勢力 18 グループと和平に関する同意が得られた。しかし、2004 年に私が逮捕されたことにより、その後の和平交渉はピースセンターのアウンミン大臣が中心となって行ったことや、テインセイン大統領との会談などのニュースを聞いたり見たりした。国内平和を実現する時期がやって来たと信じる。私が行った武装勢力 18 グループとの停戦協定や地域の発展事業については、私の著書である「私の人生にふりかかった様々な出来事」に詳しく記している。

第 31 節　天女ドゥエメーノーとグェータウンピィー （銀山の国）

文化省の演劇部が「天女ドゥエメーノー」という歌劇の公演を何度も行ったのを覚えている。天から天女 7 人がグェータウンピィー（銀山の国）に降りて来て、大変美しい大きな湖で水浴びをしてはしゃいでいたところ、グェータウンピィーの王子が狩りをしているうちに天女 7 人が水浴びしているのを発見した。そこで、王子が矢を放つと末っ子の天女に命中した。そのとき、ほかの姉たちは恐れてその場から逃げ出した。矢が命中したままの末っ子の天女はその場に残された。王子はその天女が大変可愛いことが分かったため、すぐに惚れて、宮中に連れて行った。そのような話を歌劇で見たことがある。グェータウンピィーというのは今のカヤー州（ガンダヤワディ）のことである。

ミャンマーの歴史を振り返ってみると、第二次英緬戦争が終わった 1853 年、ミンドン王が王様になった。ミンドン王は 1857 年に宮殿をアマラプラからマンダレー（ヤダナーボン）に移した。当時、英国のスパイたちはヤダナーボンの街に跋扈していた。ミンドン王にはたくさんの息子がいて、皆が王様の地位を狙っていたのを英国のスパイたちがこれに乗じて、王子たちを扇動してお家騒動を起こさせ、王家はバラバラになろうとしていた。

**1997年10月10日、ウークンミャッは平和の再構築のために
KNPP のウーアウンタンレーと再度会談を行った。**

当時、ミンドン王の弟であるカナウン王子が皇太子として認められたため、ミンドン王の息子たちが気に入らなかった。宮殿内でミィングン、ミィンコンダインの二人の王子が謀反を起こしたことは英国にとって好都合であった。しかし、ミィングン王子は宮殿内で形勢が悪かったため、英国が支配する地域であるカレン州（カヤー州）に逃亡し、英国スパイの協力により再度人を集めて宮廷に謀反を起こそうと策略した。しかし、カヤー州においても形勢が悪く、最後にはフランス領のインド・チャイナ国のサイゴンに逃亡したことが分かった。英国植民地主義者の策略によりミャンマー国民が血を流す出来事が何度もあった。

私は東部軍管区本部において管区司令官のティンスェー大佐（後の第1工業省大臣）の側近としてカヤー州を何度も訪問したことがある。英国が管理していた有名なモージー鉱山にも何度も訪れたことがある。カヤー州の幹部であるウーエーミャレー、ウータインタンティン、ウーブーイェーなどと頻繁に会った。彼らは皆、誠実な心を持っている人物である。

カヤー州を支配するカヤン新州党のウータンソーナイン副議長が
キンニュン首相を歓迎している様子。

国境地域および少数民族発展実行委員会の議長、キンニュン首相が
ヤンゴン市内コンミィンターにあるゼーリャティリー邸宅で
カヤー州特別区（１）のウーテーコー副議長とその一行と握手を交わす。

カヤー州のもっとも有名な場所はタウングェーパゴダである。カヤー州に行ったら、タウングェーパゴダを参拝しなければカヤー州に行ったことにならない。そのほかに、ロービタ水力発電所も非常に重要である。タイと国境を接しているので、2カ国間の貿易、人間の往来などタイとの関係が密になっていると言える。タイの経済事業家が利益を得るために、ミャンマーに居住しているパダウン民族のことをタイの少数民族であると宣伝し、経済的な利益を得たことがあった。これは彼らが事実と異なることを言って利益を得た例である。

昔は交通や通信が不便で、治安が不安定であったため、地方農村の発展が遅れていた。カヤー州全体を現在の状態より発展させるために州政府の幹部、中央政府の幹部も腰を入れて努力する必要があると思う。

軍事政権時代、当時の政府はカヤー州内で活動していた少数民族武装勢力が法律の枠内に入るように努力した結果、ある程度の成果を収めた。当時、ソーテーヨーパーモー師匠が主導して、宗教指導者たちが奮闘努力したことは満足に足るものであった。私はそのことを記録に留めておきたいと思う。

カヤー州の宗教指導者や和平交渉の仲介者たちの努力により 1992 年にモーベェー、ペーコン地域のウーローイェーピャン、ウーテーが主導する武装勢力、1994 年にホーヤー、ティーヤー地域のウーサンダーとウートゥンチョーが主導する武装勢力、1994 年にカヤー州ピンサウン地域のウーシュエーエーとウータンソーが主導する武装勢力が法律の枠内に入ったため、それらの地域を対象に連邦政府が地域の発展事業を可能な限り実施した。

1995 年には赤カレン民族発展党（KNPP）のウーアウンタンレーとウークーテーブーペーが主導し、一旦法律の枠内に入ったが、様々な事情によりまた法律の枠から出て行ってしまった。

このような出来事は様々な事情に基づき起きることである。両者の最終目標が正しいこと、実直で誠実な気持ちを持っていることが重要である。平和の扉を常に開いていれば、状況はいつか改善し、機が熟せば平和が実現することは確実である。

カヤー州内で水力発電所の建設計画、鉱山開発計画は連邦国家の経済の発展に大きく資するので、州内の地方農村の発展と連邦国家の経済の発展をバランス良く進めていくことが重要である。

カヤー州に暮らす少数民族と言えば、カヤー民族、パダウン民族（別名）カヤン民族、バイェー民族、インタレー民族、マンヌ民族、マンノー民族、ゲーコー民族、ゲーダー民族などで、これらの民族は地域ごとに暮らしており、お互いに親しい関係であることを嬉しく思う。本当のことを言うと、カヤー州に暮らす全ての民族は素

朴で正直であることを私の経験から自信をもって記すことができる。

カヤー州はほかの地域と比較すると発展が遅れていると言える。そのため、バランスの良い発展を実現するために何をするべきか、何を優先にして行うべきかを政府の幹部たちが優先順位に応じて実行すべきであると提案したい。

第 32 節　パントーミー・ワーカ・メーパレーと　アジアハイウェイ

カレン州について記憶に残っていることがまだあるので追加して記しておきたいと思う。

1982 年、第 442 作戦参謀長として任務を遂行しているとき、旅団本部から指令があった。「第 2 歩兵大隊はカモレーチャウン村に拠点を置いている KNU のチョートゥットゥが指揮する部隊と戦闘が起きる状態にある。戦闘が起きた場合に備えて、すぐに援軍が送れるように現在の位置からパンドーミー岩山の西側から移動せよ」というものだった。当時、私が所属していた作戦部隊と大隊はラインボェ市の北側クンビー村に駐屯していた。私は指令を受けるとすぐに移動の準備を行い、行動に移した。午後 4 時ごろに移動を開始し、夜を徹しての移動となった。

パンドーミー岩山の西側の道を夜通し移動したのは、私たちの作戦部隊と第 3 軽歩兵部隊だったと思う。はっきりとした記憶はない。翌朝の 7 時ごろ、カモレーチャウン村の方向から鉄砲の音が聞こえてきた。そのとき、私たちの作戦部隊と第 3 軽歩兵部隊は、現在のミャインジーグー町のある山の上まで来ており、カモレーチャウン村を直接見下ろすことができる位置にあった。

私たちが携行していた 75cm 砲を配置し、第 2 軽歩兵大隊と通信した。第 2 歩兵大隊との通信の結果、トゥダウンという目標に対して砲撃を行い援軍した。私たちの砲撃は非常に効果があったため、KNU の第 2 部隊は山道を通って退却したことが分かった。私たちは第 2 歩兵大隊がいる場所に行って合流した。その後、旅団本部からの指示に従い、パンドーミー岩山を回ってラインボェに帰還した。

もう一つの出来事は、ワーカ駐屯地に攻撃を仕掛ける指令を受けたことである。ワーカ駐屯地の北側にある国軍の駐屯地に KNU の部隊が攻撃を加えているため、KNU 司令部の一つであるワーカ駐屯地に攻撃を加えるよう 2 つの大隊と共にティンガンニーナウンから行軍を開始した。私たちの第 442 作戦部隊は 120cm 砲 2 台、75cm 砲 2 台と共に行軍を続けた。第 1 軽歩兵大隊と第 8 軽歩兵大隊と共にワーカ駐屯地を見下ろす山の上を目標地として定めた。ワーカ駐屯地に威嚇を与える位置にある山の

上の 2 カ所を、1 大隊ずつ 1 カ所に配置した。120cm 砲と、75cm 砲を最適な場所に配置し、KNU のワーカ駐屯地に砲撃を開始した。

旅団本部の指令により、ワーカ駐屯地に総攻撃を加えるのではなく、重火器で威嚇攻撃を加えるという任務であった。120cm 砲で 200 発の砲撃を加え、3 日目に退却するよう指令を受けた。そのため、山の上から退却を開始した。退却ルートもティンガンニーナヌンを経由した。ティンガンニーナヌンに到着すると、次の指令を待った。

もう一つの出来事は、私が第 442 作戦参謀長として任務を遂行しているときのことだ。二つの大隊と共に 1982 年にナウンボー村の近く岩山の近く水田を渡っていると、KNU 部隊が岩山の上から重火器による砲撃を受けたのである。カレン州内で雨季に作戦を行う際、様々な制限の中で多くの困難に直面するのが普通であった。カレン州内の水田は雨季の間、水を張っている場合が多く、この水を張った水田を歩いて渡っているときに危険がある。

ワーゾー月やワーガウン月（7～8 月）は特に水が溢れるほどである。カレン州のパアン県やコーカレイ県にある水田のほとんどは水でいっぱいに満たされている。一部の地域では水の深さが太ももの位置まで、一部の地域では胸の位置まで満たされている。私が指揮している第 442 作戦部隊と第 1 軽歩兵大隊と第 8 軽歩兵大隊は、ラインボェ郡のパウン、イェープー、ターガヤから山道を通って少しずつゆっくりと辿りながら旅団本部の指令に従い目標地点を定めて行軍を続けた。当時、コーカレイ、ナブー、パタ、パインチョンに至るまで車道はなかった。歩いて通れる道しかなかったため、村々の住民からの協力が必要であった。村の女性たちが交代で協力してくれたので、うまく行ったと言えるだろう。

私たちの一行は、山道を通って目標地まで行軍を続け、ナウンボー村近くの山麓まで下りて、水田の中を 1000 ヤードほど進まなければならない。私たちの作戦部隊と第 1 軽歩兵大隊が進んでいると、500 ヤードほど進んだところで、水田から 100 ヤードほど離れた村の岩山から KNU の第 57 大隊が 60cm 砲で砲撃を加えてきた。それにより、第 1 軽歩兵大隊の兵士数人が負傷した。

その後、作戦部隊と第 1 軽歩兵大隊が行軍を続け、水田を渡り切ったが、第 8 軽歩兵大隊のほうは移動のスピードが遅く、かなりの負傷者が発生した。しかし、この大隊も夜を徹して行軍を続け水田を渡り切ることができた。そのため、目的地に翌朝の早朝に到着することができた。これは水田において KNU から重火器により砲撃を受け何の抵抗もできなかった出来事であった。雨季における行軍は十分に注意する必要があるという教訓を得た。本当のことを言うと、戦争というものは攻撃と退却の繰り返しである。相手のスキを見て攻撃を仕掛けたり、攻撃を受けたりするせめぎあいはもう 60 年も続いている。どちらにも勝者はいない。地域の発展も後退し

ているように思える。

私が記憶しているもう一つの出来事は、メーパレー駐屯地に駐屯していた小部隊に対して、200人から300人で構成されるKNUの部隊が総攻撃をかけてきた時のことだ。その際、第442作戦部隊と二つの大隊は、ティンガンニーナウンに至急移動して、メーパレー駐屯地へ援軍に行くようにとの指令を受けた。二つの大隊とは第2軽歩兵大隊と第5軽歩兵大隊の2つの大隊である。その二つの大隊と共に、夜を徹してティンガンニーナウンに行軍を実行した。メーパレー駐屯地が包囲され攻撃を受けて1日が経過していた。

戦闘が起きて2日目、前線を行く第2軽歩兵大隊がメーパレー駐屯地付近に到着すると、敵軍が後方に近づいたため、援軍が始まったことが分かった。すると、駐屯地を取り巻いていた敵軍は退却を開始した。そのため、メーパレー駐屯地が敵軍の占領を受けることはなかった。

これは迅速に援軍を送ったことによる成果である。メーパレー駐屯地はチークの林の中に設置されていたため、KNUの重火器による攻撃は効果的ではなかったことが後から分かった。もし、援軍の到着が遅れていたら、駐屯地が占領されていたことは確実である。今回のことは大きな教訓となった。

アジアハイウェイ
ASEAN首脳会談でアジアハイウェイを建設する計画が話し合われたことを私は記憶している。アジアハイウェイを建設するにはミャンマーがカギになっているため、タイ政府が、ミャンマーを縦断してインドに抜けるルートを提案したことが分かった。その通りに実現すれば、ミャンマーにとっても利益となり、インドにとってもルック・イースト・ポリシー（東方重視政策）に大きな役割を果たすものと思われる。そのため、当時の建設省が考えたルート案をASEAN本部に提出した。

現在、その案が実現していると思われる。タイのメーサウ、ミャンマーのミャワディを通って、ティンガンニーナウン、コーカレイの旧道を避けて、新道が建設されたことを知った。私たちが提案したルートのとおりに実現すれば、アジアハイウェイはミャンマーを縦断してASEAN諸国を繋ぎ、将来のミャンマーにとって経済的にも社会的にも発展することは間違いないだろう。現在、インドが「アクト・イースト政策」を実践している。

第33節　懐かしのチン州

カレー市はチン州の玄関口であり、インドへの入り口でもある。そのため、インド政府が友好の印として国境のタムーからカレーまでの区間の道路を舗装、改良して

季節を問わず通行できるようになった。ミャンマー・インド両国軍同士の友好促進のため、またインド政府の「ルック・イースト政策」により、ミャンマーへの進出ルートをもっとも良い状態に実施したのである。それにより、カレー〜タムー自動車道は大変良い道路となった。その後、「アクト・イースト政策」により方針を変更し継続された。

しかし、カレーからチン州内部への道路は期待していたほど良くはならなかった。カレーからティーディン、タンタラン、チーカー道路は雨季になると通行が困難になる。カレー〜パラン〜ハーカー道路も同様である。雨季になると山崩れが発生するため、通行が困難になる。ハーカーからインド国境までの道も通行が困難である。

チン州は山岳部に位置しており、食料品の調達が困難な地域である。そのため、カレー市に依存する度合いが大きくなる。ティーディン〜タンタラン〜イコーダー道路は通行が非常に困難である。イコーダー町にはリッ湖という湖がある。インドの少数民族であるクーキー民族は、彼らの先祖がリッ湖に眠っていると信じているため、祖先の霊を慰めるために慰霊の巡礼に毎年訪れるのである。これは彼らの伝統行事になっている。この民族が信仰する崇高な湖となっているため、この町を訪れるインド人は多いという。

リッ湖の水面の様子は非常に特別である。湖の形がハート型であると共に、透明度の高い水面が1年に1度、濁るのである。そして、1週間〜10日経過すると、また透き通った水面に戻る。これは非常に神秘的な現象である。そのため、この湖の周囲の適当な場所に、ホテル、民宿、レストラン、ミャンマーの伝統工芸を販売する店などの許可を与えれば良いのではないかと思う。ここには昔、何もなかったが、今では発展しているだろうか。

本当のことを言うと、チン州の町や村は自然環境が特に美しいと言いたい。山岳地帯に位置しているため、自然環境を保護することができる民族である。

1997年ごろのことだったと思う。チン州において学生体育大会が開催されることになった。そのため、チン州にたびたび訪れた。体育大会を開催するため、ハーカー市にはミャンマー全国から集まったスポーツ選手が宿泊するための宿舎、練習場の確保、体育大会の実施、開会式、閉会式の開催の準備を行うためにチン州を訪れただけでなく、必要な支援を行ったのである。体育大会が行われるハーカー市が都市としての機能を満たすよう、また静かで美しいチン州の首都となるように国家財政が許す限り、資金を拠出して全面的なグレードアップを行った。

ハーカー、パラン、ティーディンなど各都市の病院を拡張したり、組織改革を行ったりしたため、チン州はさらに美しく立派なものとなった。

**キンニュン首相、11 月 24 日にチン州イコーダー市総務局において
イコーダー基本教育高等学校のためにコンピューター、テレビ、ビデオデッキ、
インバーターなどを学校長のウーモンティヨーさんに対して寄贈する。**

自然環境を観光したい外国人観光客にとって興味深いスポットは、ボンタラーの滝、ナッマウ山（ビクトリア山）、リッ湖であり、タウンザラッという花、アゥッチンという鳥などはチン州を彩るものである。もし、交通の便が良くなれば、大変穏やかで美しい山々を登頂するためのキャンプ地を開き、観光客にとって魅力的な州、地域になる可能性を秘めている。

昔、チン州で栽培したことがない茶葉の生産事業を軍事政権時代に開始することができた。そして、牧畜業も広範囲にわたり発展するよう連邦政府とチン州の州民が共同で積極的に参加し、奮闘努力すれば、チン州を代表する一大産業になる可能性がある。

キンニュン首相、11月25日にチン州パラン市内にある総合病院を視察

もう一つの点は、チン州内の森林で樹木の植樹事業に力を入れれば、自然環境の保護と異常気象の解消のために役立つであろうと思う。

チン州の食料問題はカレー市と平野部に依存する割合が多いことである。チン州内に食料が十分に行き渡るような政策を考えなければならない。雨季になるとカレーからモンユワまでの道路が非常に悪くなる。道路の修繕や保守が特に必要とされていると思う。また、通信事情も非常に悪い。食料の自給が州内で、できなければ、長期的にみて困難に直面するであろうと思われる。期間を区切って、発展のための計画を策定し、中央政府や州政府が良い方法を見つけて努力すべきであると思う。

現在、ボランティア団体、公益事業団体、会社組織などが水害被災地の救援のために協力を行っていることは心強いことだ。映画界、演劇界、芸能界などの芸能人たちがグループを結成し、支援活動を行っているのは特筆すべきことだ。救援活動は国民全体の参加によりうまく機能しているようにみえる。しかし、復興事業は国民の力だけでは十分ではない。国際社会からの援助が必要とされている。

キンニュン首相と大臣一行が 2003 年 11 月にパラン市に到着し
地元市民と面会した際に記念撮影を行った。

復興事業においては、村々の損壊した家屋の修復をする必要がある。村々の農業、
畜産業、製造業を復興させなければならない。水害の被災者には子供から老人まで
含まれていて、彼らの保健衛生や病人の治療も必要である。食べる物がない市民、
着る物がない市民のためにある程度の期間、保護しなければならない。破壊された
道路や通信施設を修復しなければならない。河川や池、沼を修復しなければならな
い。学校、病院、薬局を修復、再建しなければならない。

現在起きている未曽有の大規模な水害はミャンマー全国規模に広がり、多くの村人
たちが困難に直面している。このニュースを聞いて、大変残念に思う。最悪の状態
となっているのはチン州とラカイン州である。

チン州で言えばハーカー市が最悪の状態である。大雨と洪水により大地に亀裂が入
り、家屋やビルが崩壊している。道路も亀裂が入ったり陥没したりで交通網が遮断
され、自然にできた池の堤防が決壊し山の麓にある村全体が壊滅するなどの被害が
あった。また、村と村を結ぶ道路が破壊され孤立する村も多数発生した。人々が困
難に陥っただけでなく、動物、家畜たちも様々な困難に直面した。救援活動を行う
ことも困難で、復興事業を行うのはさらに困難を極めている。

未曽有の水害による被害は悲惨なものであり悲しむべきことである。このような状
態の中にあってボランティア団体、民間団体の協力、支援活動は心強く思う。

復興事業に伴って同時に行うべき事業も行わなければならない。このような大規模
な事業はその地域や州の規模で行うのではなくミャンマー全国規模で行う必要があ
る。このような大規模な事業は長期的な計画を立てて行わなければならず、すぐに
完成できるものではない。長期的な計画に基づいて行うべきである。国際社会から

の支援も必要である。国の責務を担っている人たちがお互いに話し合い、団結して行うべきであることを記しておきたい。

第34節　血の繋がりがあるモン民族とビルマ民族

1995年にモン州新党が法律の枠内に入った後、ウーナインシュエーチン議長、ウーナインティン副議長、ナインヨーサ事務局長たちとは大変親しい間柄になった。私が第1書記の役職のときヤンゴン市内でたびたび面会しており、モン州における発展事業をできるだけ誠実な気持ちで行うことができた。しかし、国家財政の状況に応じて実行できることと、できないことがあった。当時、地方農村の発展事業を十分に行うことができなかった。

本当のことを言うと、モン州は文化の開花が非常に早かったと想像できる。お釈迦様がトゥワナブミに訪れたこと、三蔵経がモン州のタトンからバガンへ渡ったことなどを考えると、仏教の繁栄とともに文化も隆盛したことが分かる。お釈迦様が生前、多くの仏教徒たちが崇拝できるようお釈迦様の髪の毛（仏舎利）を残して置かれたことは仏教徒にとって特別なことである。

1995年6月29日、モン州新党が法律の枠内に入ったことを記念する式典が開催され、モン州新党のナインティンから国家平和秩序回復委員会のキンニュン第1書記に対して記念品が贈呈される。

モン民族ミャンマーという呼称
第1次英緬戦争が終結した時期、ミャンマーを植民地化した英国政府はラカイン州

とタニンダリー管区を占領し、東インド会社がモーラミャイン市内に事務所を開所した。そして、英国の雰囲気を残すキリスト教会や学校が初めて誕生した。その後、1854年にABM男子学校とABM女子学校であるモタレイン、セントマリー、セイントパトリックなどが建てられ、キリスト教の布教がミャンマーにおいて初めて始まった。

1995年、モン州新党が法律の枠内に入るために奮闘努力した和平仲介グループのウーナインシュエーチン議長と会食を行っているとき。
ウーエーソーミィン、サヤーウートゥンアウンチェイン、タンスェー大佐

ミャンマーの歴史の中で、非常に優秀で著名な人物の中にモン民族が多数含まれていることが分かる。ウートーレーはモーラミャイン市を復興する際、チャイタンラン、チャイトゥッパゴダなどを改修し、シュエダゴンパゴダに供えてあった仏舎利を持ち出そうとしたゴーヤー兵士に対して反対する行動を行ったことが分かっている。

カトー、コナッ村に住むモン民族の富豪であるウームントーとウーナーアゥたちは、英国植民地時代に東インド会社が独占して利益を貪っていることに不満を感じ、普通の貧乏な暮らしから富豪になるまで努力した非常に優秀な人物たちである。

241

1995年、モン州新党が法律の枠内に入るためにウークンミャッと和平仲介者が
行動しているとき、パヤートンスーの近くで記念撮影

1995年、和平仲介者たちがモン州新党のウーナインシュエーチン議長とともに記念撮影

タンマニー・ボーキンマウンのグループが 1996 年 9 月 12 日にタチレクに到着したとき、情報部の職員が歓迎

これらの人物は英国植民地下にありながら、経済事業が成功するように努力した。しかし、彼らはミンドン王に忠誠を誓い、英国植民地政策に反対した愛国主義者である。カトー・コナッ村に建てられたウーナーアゥの記念建造物は現在に至るまで残っている。

本当のことを言うと、ミャンマーとモンは血が繋がった間柄にある。宗教的にも文化的にも連続して繋がっているため、私たちミャンマー━モンは血縁関係にあると言っても良い。他の誰と誰が別れようと、ミャンマー━モンの繋がりは永遠に切れることはない。

現在、モーラミャインとモッタマを結ぶタンルイン大橋が完成したため、タニンダリー管区、モン州とヤンゴン管区とは交通の便が良くなった。それにより、経済的にも、社会的にも発展している。

このほか、モーラミャインとバルー島を結ぶ大橋の建設を進めていること、アジアハイウェイがモーラミャインを通り、ミャンマー北部につながることが決まっているため、ミャンマー連邦国の将来の可能性は大きいと予想することができる。

そのため、モンとミャンマーは英国植民地時代全体にわたり政治的にも、経済的にも、一心同体で一緒に奮闘努力していたことは顕著である。

植民地下の奴隷状態から解放されるために東インド会社に抵抗してその経済的独占から解放されるように努力したことはすべてのミャンマー人の代表として奮闘したことである。モンとミャンマーは言語的にも、文化的にも分断することはできない、兄弟である。そのため、モン━ミャンマーという呼称があるのである。

第35節　美しきラカイン州

私は1978年に第20軽歩兵大隊に大隊長として異動となり、ラカイン州シットゥエ市に赴任した。西部軍管区本部の管区長はミンガウン准将であった。新大隊長として、赴任した際、イスラム教徒に対する国籍を調査するナガーミン（竜王）作戦が行われていた時期に重なった。

私がシットゥエ市に赴任した当時、一部のイスラム教徒たちが自宅を放火したり、ラカイン民族の家屋に火をつけたりとで、両者による衝突が起きていた。そのため、シットゥエ市周辺を含むラカイン州のほかの郡で不安定な状況が続いていた。軍管区長と話し合い、3日以内に中隊を配置しているマウントー郡のタウンピョーレッウェーの駐屯地へ出発した。シットゥエからブーディーダウンに向けて船で出発した。ブーディーダウンにある軍戦略本部に入り報告した。そして、その場所で一晩宿泊した。

1997年4月、ブーディーダウン郡キンダウン村に建立されたドンテインパゴダを
キンニュン第1書記が参拝。

戦略本部ではトゥンシュエ大佐が詳細を説明してくれたので、地域の治安情勢、イスラム教徒のこと、現在起きている問題などについて十分情報を得ることができた。

ラカイン州シットゥエ市に赴任する前から、私は国軍司令部本部の参謀長（第2級）の役職だったので、西部軍管区も担当しており、ラカイン州で行っているナガーミン作戦のことは事前に知っていた。そのため、マウンドー郡の大隊本部に到着するとすぐに行うべきことを詳細にわたり行うことができた。

マウンドー郡とブーディーダウン郡のイスラム教徒たちが自宅を放火したり、家族全員がバングラデシュに脱出したりしていることを中隊、小隊の駐屯地から上がって来る報告により知ることができた。

当時、ラカイン州のイスラム教徒たちが暴力、放火などの蛮行を繰り返し、そのたびにバングラデシュに逃避しているという情報を毎日のように聞いていたため、今後どのようになるのか、ミャンマー・バングラデシュ2カ国間の問題に発展するだろうと考えた。

そのため、国境にある駐屯地に壕を掘り、治安確保のために必要な行動をとるように国境地域にある駐屯地すべてに通達した。同時に、軍管区本部が十分な壕を掘り、最前線に第20軽歩兵大隊が担当し、第55軽歩兵大隊が第2の砦となるように準備するよう指令を受けた。

ブーディーダウン郡キンダウン村付近に建立されたドンテインパゴダを
キンニュン第1書記が参拝

ブーディーダウン郡キンダウン村付近、ドンテインパゴダを
キンニュン第1書記が参拝

当時、私が滞在したタウンピョーレッウェー駐屯地の前をまっすぐ 1,000 ヤードほ
ど進むと、バングラデシュのガウンドン駐屯地があった。以前はバングラデシュの
国境警備隊（BDR）が駐屯していたが、その後軍用トラックに大勢の兵士を乗せて待
機しているのが見られるとの報告を受けた。そのため、両国間の国境で起きる可能
性がある出来事について、軍管区本部と戦略本部に対して同時に報告し、強固な防
衛線を築くには時間が足りないのではないかと思った。

タウンピョーレッウェー駐屯地は両国を隔てるナップ川の上流にあるため、ナップ
川の広さ（幅）は 100 ヤードくらいしかなかった。そのため、国境を超えることは
困難ではなく、容易に行き帰りができる状態であった。

その防衛策として、川岸に塹壕を掘って障害物のようにした。小高い丘の上に3イ
ンチの迫撃砲2丁、ライフル銃1丁だけで防衛線を築かなければならなかったため、
本当のことを言うと、強固な防衛線とは言えなかった。精神的にだけ強固な防衛線
であるとしか言えなかった。

キンニュン大将が首相時代、バングラデシュを親善訪問しバングラデシュの大統領と握手。当時の第1書記であるソーウイン中将、管区長であるマウンウー少将が同行した。

私たち大隊が築いた防衛駐屯地はもっとも北にあるイントゥーラー、ボートゥーラーと呼ばれるアウンダビェー駐屯地、ウェーラーダウン駐屯地、カマウンセィッ駐屯地、タウンピョーレッウェー駐屯地、クンディーピン駐屯地、チージュン駐屯地、ガクーヤ駐屯地、マウンドー市とアレーダンチョー駐屯地を担当し、強固な防衛線を築いたのであった。マウンドー市はナップ川の上流に位置しているため、ナップ川の広い幅のために障害となっているのである。

そのため、両国間の出入国が容易なナップ川の支流にあるタウンピョーレッウェー駐屯地に大隊の前線本部を置き、大隊長自身が指揮監督を行った。戦略的にも重要な場所である。歩兵部隊が容易に川を越えることができるため、大隊長自身が滞在し指揮監督させているのである。

このような情勢にあって、両国間の外交的な方法により連絡、話し合いを行い、2カ月から3カ月で同意がなされ、バングラデシュに逃げ込んだイスラム教徒たちを元の場所に受け入れられるように審査、受け入れ、定住のためのヒンダー作戦を策定し実行したのである。

バングラデシュの大統領と会見

政府が逃避したイスラム教徒たちを受け入れるために、ヒンダー作戦を策定し、詳細を話し合うために私が滞在しているタウンピョーレッウェー駐屯地に軍管区長のミンガウン准将が主導する代表団とバングラデシュ国境警備隊（BDR）の代表団が集い、詳細を話し合った。

2004年4月、首相としてバングラデシュを親善訪問した際、
バングラデシュの大統領と会談。

イスラム教徒たちを受け入れるために、暫定的な受け入れセンターを11カ所設置するため、竹で建物を建てた。第20軽歩兵大隊の大隊長が主導し、入国管理局、国内税務管理局、治安警察部隊、社会福祉・救済・定住省の担当者が審査を行い、元の住処がある村への受け入れ・定住の手続きを行った。また、元の家族リストに含ま

れていない者がいた場合は、バングラデシュ国境警備隊に対して引き渡しを行った。社会福祉・救済・定住省が支給した救援物資のほかに、国連難民高等弁務官事務所から米、油、衣類、台所用品、毛布、蚊帳などの救援物資が寄贈された。

ヒンダー作戦によると、受け入れ・再定住先はマウンドー、ブーディーダウンの各郡がほとんどで、ヤテダウン、チャウトー、シットゥエの各郡はそれほど多くはなかった。

1997年4月、国境警備隊本部において、投降し法律の枠内に戻るラカイン州バカパ（ビルマ共産党軍）のウーゾートゥンウー議長に対してキンニュン第1書記が歓迎。

当時はイスラム教徒という名称しか使われておらず、ロヒンギャという名前はまったく使用されていなかった。RSO という武装組織だけがロヒンギャという言葉を使っていた。国連の UNHCR でさえ、イスラム教徒としか表現していなかった。

私が大隊長の職務を遂行していた時期、ラカイン州に存在していた武装勢力と言えば、ビルマ共産党軍、ウーチョーミャとウーソートゥンウーの二人が主導するグループと、ウーチョーザンシーが主導する赤旗共産党軍しかいなかった。私が属していた大隊に対してウーチョーザンシーが主導する赤旗共産党軍が投降した。ウーソートゥンウーが主導するグループは私が第1書記の職務を遂行しているときに法律の枠内に入ったため、ラカイン州はしばらくの間は平和な地域となった。

私が第1書記の時代、ラカイン州全体が発展するように道路を建設したり、川を渡る橋を建設したり、シットゥエ〜ヤンゴン道路を建設したり、チャウピュー〜ヤンゴン道路を建設したり、国境検問所や国境貿易ゲートを設置したり、シットゥエ大学を新たな場所に新設したり、古都ミャウウー遺跡の修復事業を行ったり、シットゥエ〜パレッワ〜カラダン川輸送経路を開発したり、シットゥエ港を修復、高度化するなど、州の発展事業を可能な限り、状況と時期に合致するよう実施することができた。

国境警備隊本部において1997年4月に法律の枠内に入ったウーゾートゥンウーが
主導する武装グループに対してキンニュン第1書記が歓迎。

特に、軍事政権時代、ラカイン州の発展事業を予算が許す限り拠出して数多く実施したことは顕著である。

ラカイン民族の中で、ラカイン、テッ、ミョー、カンピー、マヤマージー、カマンなどの民族のほかに、パレッワ方面にはカンピーという民族も見かけたことがある。イスラム教徒たちは対岸の国から次から次へと流入してきた民族である。バングラデシュの国土はミャンマーのシャン州ぐらいの広さしかないが、人口はミャンマー、タイ、ラオス、カンボジアの全人口を合わせた人口より多いために、バングラデシュは他の国へ人口を移そうとしているのである。

1997 年 4 月、ビルマ共産党のウーソートゥンウー議長とそのグループに対して
キンニュン第 1 書記が歓迎し握手をしている様子

2004 年 4 月、ラカイン州の国境警備隊本部においてキンニュン首相が国境における出入国の
状況について話し合い。

国境を接しているミャンマーに容易に進出するために、あらゆる手段を使ってミャンマーに入ろうとする画策は必ずあるだろう。これについては事前に対処しておかなければならない。

ラカイン民族の人々は民族の誇り、郷土の誇りを維持する人々である。そのため、イスラム教徒の人口が多くなっている村に引き続き居住しないで他の場所に移動することが分かっている。理由としては、若い女性たちが信仰する宗教を他の宗教に変えることを恐れているためで、これを避けるために他の場所に移り住むのだという。ラカイン民族の人々は仏教徒である。他の宗教を信仰する人々と交じり合うことを危惧することは、自分たちが信仰する宗教や民族を尊重し保護することが目的であり、これは良い伝統であると言える。

2004年の初頭、ラカイン州マウンドー郡において出入国の状況を視察

しかし、自分たちが住んでいた故郷の土地を失わない方法を見つけることが必要である。

最近ニュースで、インド洋において不法な移動を行っているベンガル人難民のことを知った。昔、ベンガル人のボートピープルが発見された際、ミャンマーから脱出した難民であると国連やイスラム諸国から非難されるのが普通であった。イスラム諸国の多くがミャンマー西部に位置するラカイン州のブーディーダウン、マウンド

一地域に特に注目していている。なぜなら、バングラデシュはシャン州くらいの広さしかないが、人口が爆発的に増えているため、様々な社会問題が起きているからである。

そのため、隣国であるミャンマーに溢れた人口を移動させようと画策しているが、ミャンマーに直接入国させるのは困難なため、ミャンマーから脱出したボート難民として偽装し、海洋上を漂流させて国際社会からの関心を引き寄せているのである。国際社会には裕福なイスラム国家が多いため、彼らから支援を受け国連にも影響力を及ぼしているのである。このように国際社会をコントロールしているため、彼らが言っていること、彼らが行っていることがすべて正しいと信じて、ミャンマーをあらゆる手段を使って非難しているのである。

2015年5月、バングラデシュ国籍の200人が乗ったボートをミャンマー海軍が海洋上で発見し保護した。

2004年4月、キンニュン首相がマウンドー市内にある国境警備隊本部において
出入国の状況を話し合う。

マウンドー市内国境警備隊本部において出入国の審査に関して、
キンニュン首相と関係者が協議

そのしばらく後、バングラデシュ国籍の 700 人以上が乗り込んだボートがまた海洋
上で発見されたため、事情がさらにはっきりとしてきた。このような不法なボート
難民は以前から発生していた。ASEAN の中にイスラム国家が含まれているため、ASEAN
の会議でボート難民のことが話し合われたことがなかった。今、やっとミャンマー
海軍がボート難民の実態を掴んだことで、真実を究明することができたのである。
しかし、このような状況にあっても、バングラデシュは自国の国民であることを認
めず、受け入れを拒否しており、タウンピョーレッウェー駐屯地に難民を収容し、
状況を見ている状態であることを知った。国連は真実を究明し、適正に対処するこ
とが必要であると申し上げたい。

国連という組織はどちらか一方に加担してはいけない。公平、公正な立場で両者が
円満に解決するよう取り計らうことが大人の対応として求められると言いたい。国
連は紳士的な組織でなければならない。

タウンピョーレッウェー臨時受け入れセンターに収容されたバングラデシュ国籍の
ボート難民に関して、両国政府による外交交渉により、バングラデシュ政府の担当
者が 2015 年 6 月 8 日に受け入れセンターに来て、ミャンマー政府から難民を引き渡
されたことが分かり、一安心した。しかし、ボート難民の問題はこれからさらに大
きくなる可能性がある。長期的に将来を見据えて対策を考えるべきであると提案し
たい。

ラカイン州において以前、国境地域審査機関が設置され、国境線の確定、国境における出入国の管理、密入出国を防止するための検査実施、国家の資源が盗み取られないように監視すること、地域の住民が暴力の被害を受けないよう保護すること、ラカイン州に存在する歴史的文化遺産や古代パゴダの保護、修復、地域にある歴史的なパゴダの修復などの事業を以下のように行った。

1. 出入国管理第1地域、バンドゥーラ村にあるパゴダをナインウー少佐が1995年に修復を行った。
2. 第1地域のアウンダビェー村にあるアウンミンガラーパゴダが風雨による経年変化により損傷しているため、1995年に地域の長がパゴダの尖塔部に飾り物の傘、セインプードーと呼ばれる飾り物、フゲッマニャーと呼ばれる飾り物を寄贈し設置した。
3. 第2地域、ウェーラータウンパゴダに対してウェーラータウン僧院の敷地内でサヤドーの主導の下、地域の長が修復事業を行った。
4. 第2地域、タウンピョーレッウェーにあるシュエーヒンターミンガラーウーパゴダにおいて1978年3月1日、ヒンダー作戦の記念として第20軽歩兵大隊の大隊長であるキンニュン中佐が最初に寄進し、1980年に傘をかけた。1994年、タンエー中佐と第3地域の長が新たな傘をかけて引き続き保護した。
5. 第3地域のミーディッツ村において、1995年2月9日、地域の長であるトゥタスェー少佐が主導し、駐屯地の長であるアウンチョーウー大尉が中心になりアバヤトゥカ平和パゴダを寄進した。
6. 第4地域のミンジー村付近にあるウェッチェイングーパゴダはラカイン王ミンバージーが12の町に進軍した際に寄進した洞窟型のパゴダである。1942年、地元のイスラム教徒たちが破壊したため、1996年11月1日、地域の長であるティンソーナイン少佐が主導して修復と金箔を貼る功徳を施した。
7. 第4地域、ウェッチェイン村にあるウェッチェインパゴダをラカイン王トゥリアセッカン王が紀元前293年に建立した。しかし、1942年にパゴダが破壊された。1958年、マウンドー・ミョーマ師が主導しパゴダを再建した。第4地域のチェインチャウン駐屯地の長が主導し、礼拝堂と門を建立し寄進した。
8. 第4地域、レイッヤ駐屯地において1996年2月に、地域の長であるミンルイン少佐が主導しヤンアウンミンガラーパゴダを建立した。
9. 第4地域、ジーピンチャウンバイン、タレイン村において1994年6月2日、臨時の長であるソーミィンアウン大尉と駐屯地の長であるテーウイン大尉が主導してアーナンダ・トゥカパゴダを建立し寄進した。指揮監督長であるウインミィン中佐が傘を寄進した。
10. 第4地域、チェインチャウン村において1995年5月27日、地域の長であるミィンソー大尉が主導し、関係省庁の役人、ラカイン州の村人たちが参加しヤダナーヤンアウンパゴダを建立し寄進した。
11. 第5地域のユェッニョータウン村においてパゴダ1基が崩壊し埋もれているのを掘り返し、駐屯地の長であるテイントゥエー大尉と部隊員、村人たちが合同

で 1993 年 6 月 1 日に再建し寄進した。ユワーウー・スタウンピィパゴダと名付けられた。

12. 第 5 地域、ガクーヤ村において 5 基のパゴダのうち、北側の一番端にあるパゴダが 1942 年に異教徒によって破壊されたため、1975 年のヒンダー作戦の記念として入国管理局のアウンチー課長とその一行が村人たちと合同でシュエーヒンターパゴダを再建し寄進した。1994 年、地域の長であるサンウェー少佐とその部隊員が損壊した仏像を作り直し、パゴダの境内を修復して寄進した。

13. 第 5 地域、ユェッニョータウン村に 3 基のパゴダがあり、損壊している真ん中のパゴダをヒンダー作戦の期間中、内務省のウーセインルイン大臣自身が修復し、再建した。その後、ユェッニョータウンパゴダは風雨にさらされ、損壊したため、1996 年にウインテイン大尉と駐屯地の長であるゾーミン大尉が村人たちと共同で修復を行った。

14. ダマヤジカ・アロードーピィパゴダは 100 年前、高さが 9 ダウンしかなかった。そのパゴダは 1942 年に崩壊した。1996 年にアロードーピィ師が主導し、第 18 情報部隊のモートゥー少佐が主導し、村人たちと共同で 18 ダウンの高さがあるダヤヤジカ・アロードーピィを建立した。

15. パーウッチャウンダットーパゴダ：入国管理第 5 地域であるマウンドー郡においてもっとも高い山であるミンガラージー山の麓にラカイン州のトゥリヤセック王はミャンマー暦 222 年にこのパゴダを建立した。西暦 1536 年にバージー王が、1593 年にパラウンヤザ王が、修復し再建した。1942 年にパゴダが破壊され崩壊した。1956 年、UNP 軍のボーニー大尉と部隊員、ラカイン民族の村人たちが修復を行った。入国管理監督本部が主導しパゴダ祭りを開催した。

16. 第 5 地域、ガクーヤ村ウッピューの丘の南側において地域の長であるチョーチョーナイン少佐が主導し、ラカイン民族の村人と共同で 1997 年 9 月 6 日にアウンティディゼーリャトゥカパゴダを建立し寄進した。

17. 第 6 地域、シュエーダー村落群、アウンバラ村において地域の長であるナインウー少佐が主導し、仏教徒のラカイン民族の村人たちと共同で 1996 年 2 月 18 日にアバヤティッディーパゴダを建立し、傘をかける儀式をキンニュン第 1 書記が出席し執り行った。

18. 第 7 地域、アレーダンチョー村付近のタリーゴンタウン村において、ダニャワディのトゥリヤセッカ王がミャンマー暦 1299 年にパゴダを建立したことが分かった。異教徒が破壊したため、1992 年に修復、再建した。ティリーゴンバウンパゴダと名付けられた。

19. ザカダートゥパゴダ：マウンドー郡キンジャウン（別名）シンマチェー村において BC326 年にラカイン王であるトゥリヤセックミ王と王妃のユシーダーデーウィーが建立し寄進した。1942 年に異教徒により破壊されたため、1997 年 11 月 20 日、郡の担当者や地域の有力者たちが共同で資金を集め、パゴダがあった場所にパゴダを再建して寄進した。

20. 第 7 地域、アレーダンチョー村の僧院の敷地内においてアロードーピィ師とマウンドー市サンガ協会の高僧が主導し、地域の長であるタンジン少佐と部隊員

たちが 1997 年 8 月 15 日、アウンティディパゴダを建立し寄進した。

21. 第 8 地域、ヤテタウン郡のマジーチャウン村において 100 年前に建立されたパゴダが建立された。採掘業を行う者たちによりパゴダが損壊し、マジーチャウン村とコンダン村の仏教徒たちが合同で 1992 年に再建した。タウンウーパゴダと名付けられた。

22. アグーモーチュンウーニーナウンパゴダ：アグーモー村の南側アグーモーチュンウーに建立された。パゴダは 2 基ある。僧侶たちが保護している。

23. 第 8 地域、ウーダウンビン村ウーダウンビンパゴダをラカイン王であるトゥリヤセック王が紀元前 308 年に初めて建立した。西暦 1532 年、ラカイン王であるミンバージー王が再度修復し再建、寄進した。第 1 次英緬戦争が起きたとき、損壊したが、1991 年にミャンマー警察治安部隊（2）のラテー大尉が主導し、修復事業を行った。再度損傷が見つかったため、入国管理検査監督長のタンエー中佐が主導し、第 7 地域と第 8 地域の長であるゾーテッナイン少佐とゾートゥン少佐が主導して再度修復、再建を行った。パゴダの高さは 31 フィートで傘をかける儀式を行い寄進した。ウッタカの土地を 10 エーカーと定め、保護した。

24. 第 8 地域の役所の敷地内にあるマノーマヤパゴダ：アロードーピィ師の説法を受け、地域の長であるタッシュエーモー少佐が主導し、1998 年 4 月 1 日に建立し、寄進した。

25. 第 9 地域、ブーディータウン郡インマゼー村において地域の長であるウインテイン大尉と村人たちが合同で 1996 年 1 月 27 日にアウントゥカコーナウインパゴダの建設を開始した。アウントゥカ僧院のサヤドー（高僧）がこれを保護、維持した。

26. ドンテインパゴダ：ブーディーダウン郡、キンダウン村付近において 1710 年にラカイン王の王子であるドンニョー王子が高さ 36 ダウンのパゴダを建立し寄進した。1942 年、異教徒により破壊され崩壊した。その後、雑草が生えて埋もれてしまった。

27. ミャンマー暦 1353 年、ブーディーダウン郡のエーゼーディー・サヤドー（高僧）が主導し、戦略部長のマウンティー大佐が村人たちと共同で雑草を取り除いたところ、パゴダがバラバラに崩壊して部分が散らばっているのが発見された。1997 年 4 月 6 日、キンニュン第 1 書記がブーディーダウン郡を訪問し、古代パゴダがある場所を参拝した。崩壊したパゴダを修復、再建するための費用を寄付した。出入国検査監督組織の監督長であるウインミィン大佐が主導し、第 9 地域の長であるヤンアウン少佐と駐屯地の長であるウインナイン大尉が 1997 年 9 月 7 日から再建を開始した。西部軍管区本部の軍管区長と国民たちの寄付により 1998 年 4 月にパゴダが完成した。パゴダの形はミャウウーにあるトゥッカンテインパゴダと同じであるため、建設費用は 220 万 ks くらいで境内も含めてすべて完成できたため、参拝するために見目麗しい立派な姿となった。

上記の多くのパゴダはラカイン州に暮らすラカイン民族の仏教徒たちが信仰するパゴダである。村々もラカイン民族の村ばかりで、英国植民地時代に英語の名前の村

が登場し、その後、異教徒による名前が登場した。元々ラカイン州にはラカイン民族のみが暮らし、その後いろいろな事情により異教徒たちが様々な方法を使って流入し、異教徒の人口が急増したのである。

仏教徒のパゴダが建立されていることは、ラカイン州が仏教徒であるラカイン民族が元々定住していた地域であることは間違いないことを証明するものである。上記の多くのパゴダのリストを記したのは、ラカイン民族が昔から定住していたことを証明するためである。

特に、ブーディーダウン、マウンドー地域は人口が爆発的に増えている国（バングラデシュ）に国境を接している地域で、出入国が容易にできるため、不正な方法により流入する者がさらに増えると考えられるため、フェンスを設置して両国間の国境警備を厳重に行うべきであると提案したい。

第36節　麗のシャン州

私は以前、国軍兵士の卵であった。1959年にシャン州南部バトゥータッ町で開校した士官養成学校第25期生の養成コースに入学する許可を得て、同期107人のうちの一人として入学した。1960年に士官養成コースが終了し、シャン州ロインリン町にある第18歩兵大隊において少尉の役職で小隊長としての任務が与えられた。

当時、シャン州内ではギャンブルが大規模に流行していた時期であった。私はその当時21歳で、大変血気盛んな年ごろであった。私の夢は立派な国軍兵士になり、国防の仕事に専念することであったため、ギャンブラーにならなかったことは幸運であった。シャン州内において勤務している公務員の中には自分をコントロールできず、欲望に負けて人生を棒に振ってしまった人たちも見かけた。

高僧たちの説法を受けて、キンニュン首相が主導し、
ピンロン市内にマハーヤタービターマギーパゴダを建立した。

私は幸運にも欲望の気持ちが少なく、ギャンブラーにはならなかった。私が経験したエピソードをひとつ紹介したい。私が第18歩兵大隊に赴任したとき、最初は小隊長であった。その後、大隊長が私のことを気に入ったのだと思う。大隊の中で情報部員としての役割を私に与えたのである。英語で言えば、インテリジェンス・オフィサーである。短縮すると IO である。

当時、私の大隊長はラウェイ（ミャンマー式ボクシング）の選手であった。しかし、ギャンブルにもかなり興味があったようだ。彼の際立った点は、県レベルの高官が参加し、モーネー藩主の城においてモーネー藩主のサッピとともに（レーガウンジン）というギャンブルをしていたことである。

そのように（レーガウンジン）というギャンブルをしたとき、私は大隊の情報部員であったため、大隊長に常に同行しなければならなかった。彼らが（レーガウンジン）というギャンブルを興じているのを見て、若者なら自分もやってみたいと興味を持つのは普通である。私は本当のことを言うと大隊長の趣向と性格があまり好きになれず、ギャンブラーにならなかった。

1990 年、キンニュン第 1 書記（准将）と管区長のマウンエー准将が
タチレク空港に降り立つ。

259

1990 年、キンニュン第 1 書記（准将）と管区長のマウンエー准将が
タチレク地域の発展のための政策を実施。

1990 年、キンニュン准将、管区司令官のマウンエー准将が、タチレク空港に到着

その後、その大隊長は内戦の前線に出兵し戦死したことを知った。私の国軍兵士と
しての人生はこのように始まったのである。幸運なことに、私はギャンブラーには
ならなかった。
　シャン州の人民たちは非常に貧しい。しかし、素朴で明るい性格である。私がシャ

ン州に赴任した当時はシャン州の藩主たちがその権力を放棄した時期と重なった。しかし、藩主の人民に対する影響力は大きかった。シャン州の人民たちは藩主に対して尊敬し、崇拝する気持ちが非常に強かった。

1961年頃、私が小隊長としてレージャー方面を担当していた時期、レージャー地域の藩主が乗った車列が町を通っているのを目撃した。すると、レージャー町の人民たちは沿道に出て藩主に対して手を合わせて礼拝している姿を見た。

このことは私自身が目撃したことで、シャン州の人民たちはどんなに貧困で苦しんでいても、自分たちの藩主を尊敬し崇拝していることを自分自身で確認できた。

私にとっても二人目の上司となる大隊長はシャン州生まれのシャン民族であった。モーネー藩主のサッピと非常に親密な付き合いがある人物だった。しかし、藩主と非常に仲が良いのも関わらず、藩主と同じ席に座ることは憚られた。県レベルの高官もシャン民族であるため藩主に対する尊敬の気持ちが強いため、藩主と同じ席に座ることはできなかった。

私が直接見かけた出来事として、モーネー藩主がモーネーからタウンジーへ向かう途中、ロインリン町でしばらく休憩があった。そのとき、藩主が休憩する施設の中で藩主を歓迎する県レベルの高官や私たちの大隊の隊員たちを含む大勢の人たちがカーペットを敷いた床に上に座り、藩主が椅子に腰かけ、藩主に対して礼拝したり、雑談をしたりする様子を目撃した。

1991年、タチレク地域の発展とミャンマー・タイ二国間貿易の状況を視察し、改善すべき点を立案、実行した

自分たちが住んでいる故郷の元藩主を尊敬し崇拝するのはミャンマーの少数民族の国民性と文化であると言える。

もう一つ、私が目撃した出来事として、シャン州とカヤー州での出来事を述べたいと思う。私が第 18 歩兵大隊の小隊長から東部軍管区本部の監督官であるティンスェー大佐が担当する第 3 作戦部隊で担当官僚として兼務した時期であった。当時、第 3 作戦部隊はロインリン町近くのナンサン町に拠点を置き、作戦を指揮していた時期であった。

1991 年 4 月 11 日、東部軍管区本部（作戦会議室）においてパオー民族機構(PNO)が
法律の枠内に入るための式典にキンニュン第 1 書記と軍管区長のマウンエー少将が出席。

戦略部長は作戦を指揮監督する立場にあったため、シャン州南部にあるロインリン県やタウンジー県にある複数の町やカヤー州内のロイコー郡やその他の郡を巡回し作戦を指揮監督した。特にロイコーにはたびたび訪問した。当時、カヤー州の議長はウーエーミャレーと州政府の幹部にウーブーイェーたちがいたことを覚えている。

当時、ボーピャンが主導するパダウン民族の武装勢力が反政府活動を行っていた時期で、カヤー州政府としばしば話し合いを行い、州の平和のために和平交渉の経験を若いうちから得られたのである。

革命評議会時代に和平交渉を行うために招集された際、私は第 18 歩兵大隊に所属し、独身であったため、客人を迎える施設でサッシュエータィッ大統領の息子であるサッセーワインをはじめとする一行（クンチャーヌ、セーティンなど）を歓迎した。その際、彼らと親しく話し合い、親密な仲になることができた。

そのとき、平和の意義と国家にとってどれだけ大切であるか、国内の治安を安定させることがいかに大切であるかを理解することができた。

キンニュン首相とその一行はロインリン県モーネー郡にあるチャインタウンの滝を利用した水力発電所の建設のために視察を行った。

当時、シャン州内の北部ではサインラアウンが主導するシャン民族青年による武装勢力、東部ではウーコウンナラが主導するシャン民族武装勢力、南部ではクンサンタウッが主導するヌンシッハンの武装勢力が活動していた時期であった。上記のシッセーワインが主導するグループがシャン州の武装勢力すべてを代表して政府側と交渉をしていたため、私が属していた第18歩兵大隊が上記のシャン州の武装勢力の代表団を彼らが指定したジャングルの中へ出向き、大隊本部を経由してタウンジー市内にある第4旅団本部に連れて行ったのである。

当時、東部軍管区本部が誕生するまで、第4旅団がタウンジーに設置されていた。当時の旅団長はテインティッ大佐であった。ラショー市内には第6旅団、チャイントン市内には第9旅団が設置されていた時代であったため、軍管区長というポストが登場する前、ミャンマー全国に第1から第13までの旅団があり、シャン州では3つの旅団が設置されていたのを私は覚えている。

私が覚えていることとして、東部軍管区本部が設置された当時、軍管区長はマウンシュエー大佐、管区監督長はティンスェー大佐で、第3戦略部長でもあった。

2004年8月8日、チャイントンのアカ族模範村で、アカ族の人びとと面会

2014年にキンニュン氏とその家族がシャン州を訪問した際、
インレー湖のパウンドーウーパゴダにある仏像を参拝した。

2004 年 8 月 8 日、チャイントン・アカ民族の模範村落においてアカ民族の男女と親しく挨拶

1963 年、革命評議会が和平協議を提案し招集した際、カヤー州を訪問していた KNU の幹部たちをティンスェー大佐が呼び寄せ、ロイコーからタウングーへ飛行機で送った。当時の国軍の飛行機はビーチクラフトというタイプであった。KNU の幹部は 3 人で、私が覚えている KNU の幹部はソーミョートゥエーとソーモーゼッの二人であった。あと一人については覚えていない。ティンスェー大佐と同行したことを覚えている。雨季の季節にロイコーからタウングーまで国軍の飛行機で移動した。タウングー空港では第 22 歩兵大隊の大隊長であるタンティン中佐（現在タンティン准将、退役、野党党首）が出迎えてくれたのを覚えている。私の国軍兵士の生活の初期に和平協議や武装勢力の移動を経験したことで、歴代の政府が平和の実現を重要視していたことを私は思い出している。

昔、第 4 旅団のテイントゥッ大佐と第 6 旅団のマウンシュエー大佐の二つの旅団の境界線に位置するシャン州チェーティー郡パンケートゥ駐屯地でしばしば面会し、審査に関すること、組織化に関することを話し合っていたのを覚えている。当時、私は大隊の中で情報部の幹部であり、大隊長のキンマウンチッ少佐に同行していたため、話し合いの中身を覚えている。旅団同士の話し合いは良い伝統であると思う。私が若かったときのことを記したまでである。

2014年、シャン州を訪問した際、ピンダヤ洞窟内の仏像を参拝。

私が参謀長（第1級）として国防省、第1特別作戦本部に異動となったとき、シャン州では激しい内戦が行われていた。ビルマ共産党軍がペグー山脈で壊滅した後、シャン州に存在していたシャン民族、パオー民族、アカ民族、コーカン民族、ワ民族、およびパラウン民族などを懐柔し取り込んだ。そして、激しい攻撃を仕掛けてきたため、少数民族側にも国軍側にも多くの犠牲者が発生した。シャン州全体で治安が不安定になり、発展から取り残された。州に暮らす人民たちは大きな困難に直面した。

特別作戦本部の作戦部長はラウー少将で、タウンジー、チャイントン、ラショーなどの町をたびたび訪問し、軍管区長と面会し、作戦や人員の組織化について話し合ったり、必要な支援を行ったりして、非常に忙しかったのを覚えている。

雑草のように踏まれ続けている少数民族の人民たちの人生のことを考えると同情の気持ちを禁じえなかった。当時は、シャン州を平和にするためのアイデアが浮かばなかった。純朴で正直な人々の人生を人道的な立場から同情し、平和、平穏、発展のためにどのように行動するべきかについて常に考えていた。

2004年8月8日、キンウインシュエー医師が、チャイントンでシャン族の人びとと面会

2004年5月25日、キンニュン首相がロインリン県ピンロン町を訪問した際
ピンロン記念碑の前で少数民族の代表者たちと記念撮影を行う。

1988年以降、私が第1書記の役職に就いたとき、幸運なことに平和への光が一条見えてきた。以前、麻薬王として有名だったウーロシハンの仲介のおかげで、コーカン民族の武装勢力と和平交渉が開始され、和平への道が見えてきた。当時、ビルマ共産党軍が少数民族のグループを間違った方向へ導いていたが、ビルマ共産党から離脱したため、和平への道筋に乗ることができた。そのため、シャン州における平和の光が見え始め、私自身も参画できるように努力した。

その後、しばらくしてシャン州だけでなくミャンマー全国の武装勢力と停戦を実現し、シャン州全体が平和になり地域の発展事業をと人民の生活の安定のために努力することができた。私が希望していたシャン州の平和、平穏と人民の生活の安定についてはある程度実現できたと思っている。これは私自身が参画し努力した結果であると思う。

我が国ミャンマー連邦国は英国から独立したときから政府に対して不満の気持ちを抱き、意見の相違から少数民族同士による内戦が勃発し、60年が経過している。同じ国民同士、同じ民族同士で血の流し合いを行うように外国勢力が扇動し、少数民族の側に立った。そのため、外国勢力たちの支援を受けて、内戦はさらに拡大したのである。地鶏に釜の炭を塗り闘鶏をさせているかのような状況になっている。それにより、多くの損害、発展の遅れ、民族同士のいさかいが長期間にわたって続いているのである。同じ国民同士の戦いが60年以上も続いており、この辺で終結させることが必要であると私は思う。

私が1960年に第18歩兵大隊に赴任したとき、5人の中尉がいた。私ともっとも親しかったのはキンマウンニョー中尉だった。他にはミャタン中尉、チョーザン中尉、キンチュン中尉（チン民族）がいた。私とキンマウンニョー中尉は大学に在学中、卒業前に士官養成学校に入学し中尉になった。

ミャタン中尉はGTI（国立工業専門学校）の卒業生である。チョーザン中尉とキンチュン中尉は元国軍兵士（軍曹）で、士官養成学校に入学の許可を得て、士官に昇格した。

私たちが属していた第25期生には軍歴の長いRSM—CSMの先輩30人も参加しており、40歳前後の士官候補生に対して、20歳前後の私たちは常に尊敬していた。

歩兵大隊に配属される際、私たちのような若い士官候補生は活動が活発な部隊に配属されることが多い。私たちが歩兵大隊に配属されると、シャン州ロインリン県の担当となった。歩兵大隊の第2中隊が活動するのはクンヘイン郡のクンヘイン、サィカウン、チャインタウン、チャインカン、チャインルンなどの村々を巡回しなければならない。その地域において以前、シャン民族の藩主が地域を治めていた時代、領主という地位の者がいた。1960年ごろ、ロインリン県内に3人の領主がいた。一

人はチャインタウン領主のウーカンテ、名前だけ聞いていた。実際に会ったことは
ない。もう一人は、チャインルン領主で、彼とも会ったことはないが、彼の息子た
ちとは親しくしていた。その後、連絡が途絶えた。もう一人はワンロー領主である。
彼の家を訪問してご馳走になったことがある。容姿がとても良い人物であった。背
も高く、伝統的な髷を結いとても見栄えが良かった。最初に会ったときから彼を尊
敬した。容姿がよく、大変フレンドリーな性格で、昔のミャンマー人のようだった。
彼の家には、ミャンマー王朝時代に宮廷から贈られたのかわからないが、豪華なベ
ッド、古めかしい刀剣や矛が飾られているのに気付いた。私は彼のことをミャンマ
ーの英雄の一人ではないかと思ったほどだった。これは士官になりたてのときに経
験したことである。

私が中尉の階級で小隊長の役職にあるとき、ロインリン県のレーチャー藩主とモー
ネー藩主の二人に会ったことがある。レーチャー藩主は私の友人であるソールイン
軍曹の義理の父に当たる人物だ。彼は以前、北部軍管区本部の軍管区長の役職にあ
り、ホテル・観光省の大臣になったことがある。現在はすでに亡くなっている。モ
ーネー藩主については、私が属する大隊の大隊長と共にモーネー藩主の館を訪問し
たことがある。昔のミャンマーの王様の子孫だということを覚えている。なぜかと
いうと、ミャンマー王がタイを侵攻する場合、モーネー町において兵士を集結させ、
モーネーから進軍を開始した伝統があり、モーネーの領主を王様の家族の中から任
命した経緯があったからである。そのため、モーネー町に建立されているパゴダの
形は上ミャンマーにあるパゴダと似通っている。

私が小隊長としての任務を遂行していたとき、シャン州南部のすべての町や村を訪
問した。モーネー、マゥメー、マインパン、リンケーの各郡、ピンロン、レーチャ
ー、マインカイン、マインシュー、マインナウン、チェーディー、クンヘインなど
ほとんどすべての郡を訪問した。一部の郡へは車で、一部の郡へは歩兵部隊として
訪れたのである。

ロインリン県はタウンジー、チャイントン、タチレクを繋ぐ交通の要衝にあるため、
ミャンマー・タイ国境貿易ルートの中心地となっている。

当時はタウンジー〜チャイントン道路の途中、ナンパン川とタンルイン川に橋がな
く、筏で渡らなければならない時代であった。今のように橋がなく、トラックはク
ンヘイン町からエンジン付きの筏を利用しなければならなかった。そのため、トラ
ックが何百台も列を作って待つ光景が見られた場所である。もう一つの場所はター
コー村である。タンルイン川を渡るためにトラックが何百台と待つ場所である。現
在では橋が完成し、大型トラックによって迅速に輸送ができるようになっている。
しかし、当時は道路の状態が良くなかったため、様々な困難があった。現在は道路
も良くなり、ミャンマー・タイの貿易はある程度スムーズになったと言える。

我が国ミャンマーの輸出品は農作物である米、豆、トウモロコシ、タマネギやミャンマー近海で獲れるエビ、カニやウナギなどの水産物しかなく、国境貿易は主要な貿易ルートとなった。そのため、ミャンマー・タイ、ミャンマー・中国の国境貿易は非常に重要である。ミャンマー国内で重工業、中規模の工業などが盛んになれば、貿易の状況はさらによくなると思われる。

私が出会ったシャン州の少数民族は、シャン、パオー、アカ、ラフー、ワ、リーショー、パラウン、インチャー、インネッ、コーカンなどで、彼らは皆、純朴で正直である。彼らの伝統的な慣習や文化は大変素朴であり、愛すべきものであることをここに記しておきたい。

第37節　ミャンマー最南端に暮らすサロン民族

ミャンマー最南端タニンダリー管区の海洋上で暮らしている大変特徴のある民族について記しておきたいと思う。人口は大変少なく、陸上生活が苦手で家族単位で舟の上で生活している。彼らの家は舟で家族全員が海洋上で島から島へと漂流しながら楽しく暮らしている。この民族はミャンマー固有の民族である。

1996年のミャンマー観光年、シュエダゴンパゴダ西門側にある人民公園内でミャンマー観光年を祝う式典が終わり、私はこのサロン民族のことに興味を持った。当時のホテル・観光省の大臣はテインゾー少将だった。世界の旅行客が興味を持っている少数民族が暮らすランピー島の近くのマチョンガレッ島を訪問することになった。コータウンの町から国軍（海軍）が所有する警備艇で夕方に出発した。ランピー島の向かい側にあるマチョンガレッ島に到着した。日が暮れる頃、警備艇からボートに乗り換えて、マチョンガレッ村へ向かった。

サロン民族は気候が良い時期に海洋上で暮らし、魚を獲って生活を営んでいる。雨季になると近くの島に上がり、過ごしている。現在、マチョンガレッ島は彼らの都であると言ってもよいだろう。彼らの指導者たちとこの島を訪れる人たちが面会できるようにサロン村を建設した。この村はサロン民族にとって、経済的なことや社会生活的なことを行う拠点として、さらにこの島を訪問する観光客がサロン民族のことを知るための拠点として設定したのである。

サロン民族の祭り

私たちが村に到着した時間はもう日暮れ時になっていた。外国人観光客がコータウンを経由してこの村を訪問した場合、サロン民族の生活を見学できるよう計らい、不備な点があればそれを補完した。

サロン民族の祭り

マチョンガレッ村を視察して、必要なことを補完した後、スピードボートでパレー島（真珠島）に上陸し、真珠の養殖状況を視察して不足な点を補完した。その後、ベィッヘスピードボートで移動し深夜に到着した。当時、タニンダリー管区の管区長はオウンミィン准将で、今は地方農村発展省の大臣となっている。

サロン民族はビルマ族に属し、大変興味深い民族である。彼らは決して都会に来ることはなく、村を建設しても生活したくないという。彼らは家族単位で舟の上で生活し、島から島へと移動することを好んでいる。季節が良くなると、海洋に出て魚を獲って生活しているので、非常に特徴のある民族である。ミャンマー北西部に暮らすナーガ民族と同様、世界の外国人観光客から注目されている。

マチョンガレッ島のサロン民族の家族

サロン民族の経済的なことや社会生活的なことを支援することにより、島から島へ漂流するサロン民族がさらに発展することを期待するものである。

彼らの暮らしは時代遅れであるため、時代に合った生活ができるよう政府が支援するよう提案したい。

ランピー島の向かい側にあるサロン民族が暮らすマチョンガレッ島の村

コータウン県内に暮らすサロン民族たち

第38節　チンドゥイン川の源流に住むナーガ民族

ナーガ地域は自治区の一つである。チンドゥイン川の上流、カンディ地域に到着すると、ラヘー郡とレーシー郡がナーガ民族の住むところとして有名である。交通の便が非常に悪いため、時代から取り残され、発展が遅れている地域と言ってもよい。しかし、彼らの伝統的な祭りは世界中の外国人観光客から注目され毎年多くの観光客が訪問している。

ある地域を発展させるには交通や通信の便を良くすることがもっとも大切である。私もヘリコプターを利用して1回しか行ったことがない。その後、機会がなかったために一度も行っていない。地域の発展のためにやるべきことがたくさん残っていると思う。ナーガ地域の発展のために何もできなかったことを残念に思う。

1991年3月24日、キンニュン第1書記がカンディ市に到着すると、
地元のナーガ部族が歓迎した。

2014年にティダグー師（ドクター・ニャニーターヤ）の呼びかけにより、ナーガ地域において眼科医のウーミャアウン医師をトップとする医療団がナーガ地域を訪問し無料で目の手術を行ったことがある。ティダグー師の主導により、ラヘー郡に病院を建設していることを聞いた。時代に取り残され発展が遅れているナーガ地域の保健医療のために奮闘努力しているティダグー師、保健医療活動を行っているティダグー奉仕協会のスタッフや医師、看護婦の皆さんには本当に感謝している。

本当のことを言うと、ナーガ民族が暮らす山岳地域はミャンマーとインドの両国にまたがっており、インド側で暮らしているナーガ民族のほうがずっと豊かで発展している。どちらの国に属するナーガ民族も同じ豊さで均等になるように、ミャンマー側は努力しなければならない。

サヤー・ネーウインサンとナーガ民族

ナーガ民族の人

同じ豊かさで均等になるまでは、ミャンマー側に暮らすナーガ民族たちは劣等感を
感じるであろう。

ナーガ山岳地域には、ラヘー、レーシー、ナンユンの 3 つの郡があり、教育や保健
医療の分野が特に遅れていることが分かっている。今年（2015 年度）の教育年度に
おいて政府が学校を増設しているが、教師が不足していることが分かった。今年の
教育年度に小学校を増設したり、小学校を中学校に、中学校を高校にそれぞれ格上
げされたことを聞いて大変良いことだと思う。

連邦政府には発展が遅れ時代に取り残されている地域、州を優先して、地域の団体
と協力して率先して発展事業を行うように主導してもらいたいと思う。

ナーガ民族男女の民族衣装

ナーガ民族の男女

ナーガ民族の中でも、部族によって呼び方や言葉の用法が少し異なっていることが分かった。以前から部族間で慣習や習わしに違いがあることは分かっていたが、自治区になって以来、ナーガ民族のリーダーの主導により古い慣習や習わしはほとんどなくなっている。昔は、村同士で仲が悪く、勢力の強い村が勢力の弱い村を支配することがあったが、現在はナーガ民族同士で団結し、毎年開かれるナーガ民族の祭りは世界が注目するほど有名になっている。

世界中から外国人観光客が興味をもってこの祭りを見学に来ている。ミャンマー連邦共和国内で非常に特徴のある民族である。

交通や通信、経済と社会生活が発展するように国家も社会団体それぞれが自分たちの兄弟にあたる少数民族のために一致団結して協力することが必要であると思う。

第39節　パオー地域とインレー湖の思い出

パオー地域にはたびたび訪れたことがある。昔、私が下級士官時代、東部軍管区本部の管区監督であるティンスェー大佐（その後、第1工業省大臣、退官）の下士官時代、ナンサンに拠点を置く第3作戦部からタウンジーに行った際、パオー族のリーダーであるウーラペーレーという人物がタンサン村から出発して、ティンスェー大佐を歓迎することが習慣になっていた。その当時から、パオー民族の幹部たちと親しくなった。その後、私は第1書記になり、和平協議が成功してウーアウンカンティー、ウーターガレーなどパオー民族のリーダーたちと大変親しくなった。パオー地域に建立されているムェドーカックーパゴダにも何度も参拝している。つい最近、タンサン自然洞窟に行って、パオー民族の僧侶とも会って親しくなった。

パオー民族の人々は男女を問わず大変素朴で正直である。主な産業は農業で、努力している。以前、葉巻きたばこに用いる「タナペッ」（イヌヂシャ）はパオー民族の主な特産品であった。そのため、経済は大変良かった。現在は「タナペッ」のほかに、様々な野菜を苦労して栽培しているのを見かけた。

パオー民族が誇りとしている慣習があり、それは花火を打ち上げることだ。1年に1回、花火の祭りがあり、大変にぎやかに行われているのを見かけたことがある。村ごとに花火のコンテストも行われているそうだ。

このような花火の祭りや熱気球を放つ祭りは地域の当局が主導して毎年行われている。外国人観光客も祭りを見てびっくりしていると共に、一緒に祭りに参加している光景を目にしている。大変すばらしく愛すべき習慣であると思う。

パオー地域の少数民族のリーダーたちと共にムェドーカックーパゴダへ
キンニュン首相が訪問。

インダー民族（湖の民）が暮らすインレー湖にもたびたび訪問したことがある。イン
レー地域のもっとも盛大で神聖な祭りと言えば、パウンドーウーパゴダ祭りである。

パオー地域ムェドーカックーパゴダにキンニュン首相が到着し、地域の歴史専門家と話し合う。

現在、インレー湖周辺にはたくさんのホテルが建設され開業しているため、世界中の観光客から関心が集まり、観光に訪れるスポットとして人気となっている。外国人観光客はタウンジーにはあまり行かずに、インレー湖で1泊して帰る人が多い。

心配していることは、インレー湖の水位が下がり水質も劣化していることである。インレー湖の保護が十分ではないこと、雨季になると湖の周囲にある山から土砂が流れ出し、湖に堆積していること、インレー湖で暮らす住民がインレー湖の保護のために、やるべきことや避けるべきことについての知識が十分でないこと、そのため、将来のことを気にかけているとは思えない。今、憂慮されることが起きている。乾季になるとパウンドーウーパゴダの前まで通じる水路に水がなく干上がっていることだ。

2014年、ムェドーカックーパゴダでキンニュン首相の家族とパオー民族たちと記念撮影

インレー湖が永久的に保護されるように、自然環境が破壊されないように、政府の責任のある人たちがインレー湖の保護のために長期的な計画を策定する時期となった。外国の専門家と話し合い、場当たり的なものではなく、5年単位または10年単位で長期的な計画を立てて行うことが必要とされている。役所の担当者だけで行ったところで成功するとは思えない。大規模な重機、大量の資金とともに多くの専門家たちが協力して行う時期になっていると思う。緊急避難的に行う事業なら、将来インレー湖は枯れ果ててしまうであろう。

コーカン地域の思い出

コーカン地域のことを少し記しておきたいと思う。1989年に行った政府との和平協議が成功した当時、コーカン族の指導者はポンチャーシンで、ヤンモーシャンとポンチャープーが副司令官であった。ヤンモーアンが財務管理係として組織されていた。

1991年に幹部人事を刷新するよう準備を進めたが、主要なメンバーが集まらなかったため、新組織が再編できなかったことを知った。当時はポン兄弟とヤン兄弟の仲が悪く、幹部の人事がうまく行かなかったという情報が入った。

1992年7月、ポンチャーシンのグループがヤンロンチャインにある武器庫から大量の武器をシーオーに移動させようとしたが、ヤンモーシャンのグループが反対しヤンロンチャインの武器庫をヤンモーシャンのグループが武装し、乗っ取ったのである。

1992年8月、ポングループとヤングループとの間で緊張が高まり、東部軍管区本部の管区長がポングループとヤングループを個別にラショー市内に招待し、話し合いを行った。9月に入り、両グループ間で抗争が開始されたため、国軍が中に入り双方をなだめて仲裁し、両軍は退却した。

2014年、ムェドーカックーパゴダでキンニュン首相と記念撮影

2014 年、パオー地域の指導者であるウーアウンカンティーの招待により、キンニュン負債が自宅を訪問した。

しかし、両者間の緊張状態は続いたままだった。10 月 24 日、ホモロンにおいてポングループとヤングループの間で戦闘が開始された。ポングループとヤングループとの戦闘が激しくなり、国軍が解決のために何度も努力したが、ヤングループが優勢となり、ポングループの駐屯地を攻撃し占領した。そのため、ポングループはコーカン地域から撤退し、2 月 22 日に国軍に対して投降した。ヤングループは国軍と和平協議を継続している。

ミャンマー政府は両者の間で問題が発生しないように、ポングループには農業や畜産業を行えるようナウンチョー郡に村を建設し、平和に暮らせるように手配した。

1995 年 11 月、ポングループは大勢の兵力を集結させチンシュエホー、ラウカイン、シーオーに侵攻し占領したため、国軍が出動して平定した。

1995 年 12 月、国軍は両グループの代表者と個別に会談し、コーカン地域の平和と安定のために仲介した。ヤンモーシャンとヤンモーアンのグループは国軍に対して投降し、普通の市民として平和に生活すると約束し、国軍が彼らのグループの安全を確保するよう計らった。コーカン地域はこれで平和になったと考えられた。2004 年以降、コーカン地域の情勢がどうなったかは知る由もない。しかし、コーカン地域の平和と安定がいつまでも保たれるように願っている。彼らは中国人の子孫であるが、ミャンマー固有の民族であるため、他の国から扶養されるようなことはあってはならない。

パオー地域チャウタロン市内にあるウーアウンカンティーの自宅において
パオー民族の幹部たちが集まっている。

第 40 節　カレン民族評議会(KNU)との停戦が実現

国家法秩序回復委員会をトップとする軍事政権は 1989 年から、ミャンマー国内が平
穏になるように、政府トップの意向と方針に従い、和平事業への第 1 歩として停戦
協定の調印と、地域の発展事業のために奮闘努力した。その中で、第 1 書記である
私は少数民族武装勢力から信頼を得るために努力した。少数民族同士の団結と、連
邦精神の高揚を目標に努力した。そのため、武装勢力グループのほとんどが国内平
和を目指し停戦に参加したのだと信じている。私も彼らのことを信用し彼らの地域
をたびたび訪問している。そして、彼らの要望に従い、地域の発展と国民の生活水
準の向上の事業を様々な制限の中、できる限り実施した。少数民族側も満足してく
れたと信じている。

2004年2月、和平に関して話し合うためにヤンゴン市内に到着した KNU のトップである
ウーソーボーミャとキンニュン首相が国軍迎賓館において親しく会談。
誠実さと友好親善の雰囲気が醸し出されている。

私が逮捕された後、どのようなことになっているのか知る由もない。

私が KNU に対して行った努力に関してこれから記す。当時、他の少数民族武装勢力
とは停戦協定が成立していた。カレン州だけ残されていたので、私は政府トップに
提案し、許可を得た。国のトップから許可を得るとすぐに 1992 年 4 月 28 日、国軍
による攻撃を一切中止すると発表した。キンニュン第 1 書記も和平を望む気持ちか
ら、1993 年にカヤー州ロイコー、モン州イェー、タンピューザヤ、カレン州のパア
ン、コカレイ郡のミャパダイン村まで出向いて、和平協議を行うために招待した。

1993 年 6 月、タイのバンコクに駐在している武官のテインスェー大佐から KNU とし
てではなく、DAB（Democratic Alliance of Burma）として、ある外国と国連の特使
が参加して協議を行いたいと提案があった。政府は KNU とのみ話し合いを行いたい
と返事したため、両者の間で連絡が途切れてしまった。

KNU から 1995 年 3 月、政府に対して和平協議を行いたいとの手紙が届いた。

**KNU の議長、ウーソーボーミャとその一行が和平協議の後、
ヤンゴン市内国軍迎賓館において、議長の誕生パーティーを行った。
バースデーケーキに入刀しているキンニュン首相とウーソーボーミャ議長。**

一方、和平の仲介者であるウーエーソーミィン、ウートゥンアウンチェイン、ウーソーイッチェッ、ウーソーマーゲージー、ウーハンシンタドー、ウークンミャッなどと接触でき、和平への動きが再開された。

KNU は公式の和平協議を開始する前に、和平に関する政府の基本的立場と方針を説明してほしいと、非公式の話し合いの場を要求してきたため、1995 年 10 月、国軍情報部の代表団を派遣した説明させた。1995 年〜1996 年にかけて、国軍情報部の代表団を 7 回派遣して粘り強く交渉を続けたことで、両者の間で理解が深まった。

1996 年 11 月 21 日、モーラミャイン市内にある南東軍管区本部において副管区長のアウンテイン准将、国軍情報部の副部長であるチョーウイン大佐が主導する国軍代表団と KNU の司令官であるウーターマラーボーが主導する代表団による話し合いが行われた。

1995 年から定期的な話し合いの場がなかったが、時期を問わず連絡を取るために KNU 側は情報担当のウーソーソーがが、国軍側はサンプィン大佐がコンタクトポイント（連絡係）として担当し、和平協議を行うための交渉を続けていた。

サンプィン大佐と和平の仲介役であるウークンミャッは KNU の幹部であるウーソーボーミャとバンコク市内とメーサウ市内でたびたび話し合いを行い、大変親しい関係となった。そのような状況になったため、ウーソーボーミャから（国軍が）自身の安全を保障するのであれば、2003 年にヤンゴン市内を訪問し話し合いを行いたいと提案してきた。

当時、私は首相になったばかりの時期であったため、国のトップに提案し許可を得ると、安全を保障するとウーソーボーミャに対して返事をした。その時から、和平交渉のための下準備を開始した。

2003 年 12 月、KNU のウーソーソー、ウーソーポードー、ウーソージョーニーが主導する代表団をヤンゴン市内に招待し、国軍情報部の代表団と最初の話し合いを行った。

2004 年 2 月、KNU のトップであるウーソーボーミャ、ウーテインマウン、ウートゥートゥーレー、ウーデービストー、ウーソージョーニーが主導する和平交渉団を招待するべく、国軍機をバンコクへ飛ばした。在バンコクミャンマー大使と武官がきちんと準備をしてくれたため、KNU の代表団は安全にヤンゴンに到着することができた。KNU の代表団をヤンゴン市内インヤー通りにある国軍迎賓館で歓迎し、歓待した。そして、首相である私自身が彼らに面会し、丁重にもてなした。

キンニュン首相がザガイン管区ブタリン市を訪問し、地元民と面会する。

2004 年 2 月 22 日、KNU のウートゥートゥーレー、ウーデービストーが主導する代表団と国軍情報部の代表団が和平協議を開始した。和平協議を通じて、時間が経過すると共にお互いに信頼感、兄弟のような親密感が醸成されてきたため、和平に向け

た良い結果が生まれた。毎日の話し合いで出てきた良い結果については、国家トップの議長、副議長に対してその日の夕方に報告を行い、方針についての指導を受けた。和平協議は日を追うごとに良い結果が生まれ、信頼関係が醸成され、最終ゴール目前まで来たことが分かった。

そのように和平協議を継続しているとき、KNU のウーソーボーミャ議長が 77 歳の誕生日を迎えたため、私自身が国軍迎賓館において誕生パーティーを開催した。そのことで、お互いの信頼関係がさらに強固なものとなった。また、そのときメーサウ市内に住む議長の奥様に電話をかけて誕生パーティーを行っていることや、交渉が順調に進んでいることなどを話すことができた。

パティーとポードー
私が KNU の議長を親しみを込めて「パティー」と呼び、議長は私のことを「ポードー」と親しく呼ぶほど両者の間で親近感が生まれた。

和平協議が成立し彼らが地元に帰ろうとしているとき、「ポードー、私たちはあなたを信用している。私たちのグループのメンバーに説明したら、またあなたに会いに来るよ。そのときに和平の協定に調印する。私たちがまた来るときに飛行機を手配してくれないか」と議長が言った。私は「パティー、何も心配することはない。私が必ず飛行機を手配して迎えに行かせる。安心して地元に戻ってください」と言ったことを今でもよく覚えている。嗚呼、血縁の繋がりはないが、一緒に滞在していると親密感がさらに増し、まるで家族の一員のように感じられた。近くにいる親族のようであった。

それゆえ、我が国に暮している少数民族はすべて家族のようなものである。遠くに住んでいるため、他人のようになっているだけだ。彼らとの距離が近くなるように交通や通信の便を良くしなければならない。彼らの地域が発展するように政府の責任者は実施しなければならない。平等に行うべきことは平等にしなければならない。同じ家族、親族のように考えて、家族や親族の関係が崩壊しないように団結を強めなければならない。自分たちのグループで団結が保つことができなくて、彼らのほうが団結すると、それは自分たちにとって脅威となる。家族が崩壊しないようにすることは家長の責任である。家長とは両親のことだ。両親が家族を保つことができないと、他人がそこに入ってくることを注意しなければならない。

この基本的な考え方を踏まえて、将来連邦国家が崩壊しないように、連邦精神が強固になるように、国家の責任者は親のように行動すべきであると希望する。

第41節　ザガイン管区のカボー盆地

私が第 1 書記の役職にあった時期、すべての管区、州、すべての国境地域をひとつ残らず訪問し、すべての少数民族や地元の人々と面会し、地元の人々の生活状況を知ろうと努力した。そのため、下層にいる人々の生活状況を知ることができた。

ミャンマーの西部にあるカレー市にはたびたび訪れたことがある。当時、テインセイン大統領はカレー市内にある第 89 歩兵大隊の大隊長であった。カレー市からチン州へ行くことができる。インドとの国境貿易の拠点であるタムーへも行くことができる。タムーからカボー盆地の地域にも行くことができる。

カレー市に飛行場があるため、フォッカー機で行き、カレーからチン州の学生たちのためにカレー大学を新設したり、カレー総合病院を増設したり、カレー飛行場を拡張したりなどのプロジェクトのためにたびたびカレーを訪問した。

もう一つの目的は、カボー盆地の地域で行う事業のためである。以前、ミャンマー王朝の時代、マニプラーやカデー地域に進軍する際、このカボー盆地を拠点にして進軍を行ったため、この地域は歴史的にも特別な場所である。昔の進軍ルートにあたるため、沿道には多くのパゴダが建立されている。ゼーディー村、タナン村には高校、中学校もあるが、生徒たちのために不足していることを補うために、その場所をたびたび訪問したのである。

昔、タウンドゥッ藩主が統治していた地域と思われる。この地域には大昔、大量のチークが繁茂していた林があったと言われている。現在は、チークの木がまばらに見られる程度となっている。不法伐採業者がチークを不法に伐採し密輸しているからだと思われる。

この地域は盆地であるが、農業は成功していない。肥料の品質が悪いのか、農業の技術が不足しているのか、原因は定かではない。蚊が多いため、マラリアの発生率が高く犠牲者も多いことが分かった。国境地域にバンドゥーラという村があるが、戦士のマハーバンドゥーラ将軍がアータンやマニプラーに進軍したルートにあたるのだろうと想像した。

私はカボー盆地において道路を整備した。多くの橋も建設した。学校も修復したり、新設したりした。この地域は発展が遅れている上、歴史的にも忘れるべきでない地域であるため、たびたびこの地域を訪問して政府が実施するべきことを実施したのである。

カボー盆地の南部、タムー市の南側の国境線を表す柱の位置をインド政府がたびたび移動させていた。そのため、両国の国境関係者が話し合う機会が多くあった。国

境線に関する問題は2カ国の間でしばしば発生するので、外務省および関係省庁、測量管理局が注意して事前に準備しておくべきであると申し上げたい。関係省庁の担当者たちは自国の国家主権を尊重する観点から事前に十分に準備しておくべきである。

国境線の問題や領有権の問題は自国の国家主権に関わる問題である。海洋においても領海の所有権をめぐり様々な問題が発生している。例えば太平洋上では中国と日本の間で領有権をめぐり問題が発生している。中国とベトナム、中国とフィリピンの間で領有権をめぐる問題が発生している。ミャンマーとバングラデシュとの間でも領海の領有権をめぐり問題が発生した。陸上における国境線の確定に関しても、2カ国間で締結した条約や証拠書類をきちんと保存し、事前に準備するなどをそれぞれの関係者が行うべきであると忠告したい。

この他、カボー盆地は第2次世界大戦の時代に起きた出来事を忘れるべきではない。

第2次世界大戦の時代、このカボー盆地は非常に重要な戦場となったことを歴史から学ぶことができる。日本軍による東南アジアへの軍事侵攻が激しくなっていた時期、ミャンマーの戦場では連合国軍がカレー～タムーを経由してカボー盆地を通り、インドのインパールとコヒマに退却した。連合国軍の一部はチン州の山脈を通りインドに退却したことが分かる。

連合国軍は、日本軍がインド国内まで軍事侵攻できないようにインパールの平原に強固な防衛線を構築し、日本軍を粉砕するための準備を整えた。日本軍のほうもインドに軍事侵攻するため、カレー～タムーを経由してカボー盆地を通り、インドのインパールの平原まで進軍を続けた。インパールの戦場で日本軍が敗戦したため、日本軍はミャンマー国内に退却した。連合国軍は日本軍を攻撃するためにカボー盆地からミャンマー国内に攻撃を仕掛けてきた。そのため、カボー盆地は私たちミャンマー国民にとって忘れることができない地域となっていることを記しておきたい。

第42節　政府による和平実現への努力

政府の和平実現への努力を評価して、すべての国民がミャンマー全土の平和を望んでいることが分かった。国が発展すること、すべての国民の生活水準が向上すること、どの地域であれ自由に商売ができることをすべての国民が望んでいる。

本日11月15日、テレビで見られる光景は大変上品なものであった。スカイネット放送局の「アップトゥーデート」という番組を最初から最後まで興味を惹かれて見てしまった。国を発展させたいという強い希望を持っているため、大変興味深く最後まで見てしまった。それは、首都ネピドーにおいて全土停戦協定の調印式が行わ

れているからだ。少数民族武装勢力の 8 グループのトップ、テインセイン大統領、副大統領、議会議長、国軍最高司令官、国軍幹部、関係省庁の大臣、官僚、政治政党の代表者と担当者、外国大使館の大使などが勢ぞろいしている。

式典においてテインセイン大統領と KNU（カレン民族評議会）のソームートゥーセーポー議長が中身の濃いスピーチを行い、大変喜ばしく満足できた。和平へのドアを開くことができたため、今回停戦協定に調印しない他の武装勢力たちも、構築された和平へのドアを通してだんだんと停戦協定の枠組みの中に入ってくれることを信じている。

なぜならば、両者の目標は同じであるため、だんだんと枠組みに入ってくれることは確かだからである。両者の間で、誠実さ、正直さ、純粋さ、連邦精神の強固さを維持し、そして元々の目標がゆるぎないものであることが重要だ。全土が平和になることを望んでいる。

全土が平和になれば、戦争難民というものはなくなるだろう。学校に通えない子供もいなくなるだろう。そのようになれば国の将来を担う子供たちの将来は明るいものになるだろう。

第43節　2015年総選挙で勝利を収めた国民民主連盟（NLD）

複数政党制に基づく 2015 年総選挙はトラブルなく順調に行われ成功した。その結果、国民民主連盟（NLD）が大勝利を収めた。総選挙の選挙運動中の期間、タクシーの運転手やサイカーと呼ばれる人力車の運転手が自分のタクシーやサイカーに NLD の赤い政党の旗を掲げて市内を走行した。一部の民家も家の前に NLD の赤い政党の旗を掲げている光景は特別なものであった。

国民のニーズは変革を求めており、NLD のキャッチフレーズ「変革のときが来た」はタイミングが良かった。NLD が勝利した原因の一つとして、与党の連邦団結発展党（Union Soldarity and Development Party）が庶民レベルまで接触がなかったことが挙げられる。庶民レベルの意見を吸い上げることがなかったために国民が望んでいることを知ることができなかった。そのため、連邦団結発展党は選挙で惨敗した。

連邦団結発展党の幹部が庶民レベルまでたびたび接触し、彼らが必要としていることを吸い上げていればこのような惨敗はなかったと思う。党幹部の人たちが部下の言うことをそのまま信じてしまったからだと私は思っている。

総選挙で大勝した NLD は国の事情とタイミングが良かったために勝利したのである。全国民の支持は圧倒的なものであった。NLD は 4 月から政権を担当する。国を発展

させ、国民の生活水準を向上させ、海外へ出稼ぎ労働している下層の人民のために国内で雇用機会を創設できれば、国民の NLD に対する支持は維持されるのは確実だろう。

私には特定の政党や特定の個人を支持したり、感情的に動いたりすることはない。国を発展させ、国民の生活水準を向上させることができ、そのために奮闘努力する人であれば、その人を支持する。わが国は大変貧しい。技術にしても大変遅れている。だから、必死に頑張らなければならない。すべての人々が一致団結して皆が努力すれば成功を収めることができると信じている。敵対する野党としてではなく、国や国民の利益のためにお互いに協力し、お互いに努力し、建設的な姿勢をもって共同で行動すれば、大変良いと思う。

総選挙を無事に行い、成功に導いた政府に対して、そしてきちんと総選挙を実施した連邦選挙管理委員会に対しては特に感謝したい。平穏に無事に総選挙が終了したことを喜びたいと思う。

ミャンマーの将来の可能性は非常に大きく、将来は明るいものになると思われる。世界中の投資家や、新政府を支援する外国の機関がミャンマーに進出するだろう。ひとつだけ注意すべきは、わが国ミャンマーは地政学上、大変重要な場所に位置しているため、十分に注意して行動しなければならないことである。

ミャンマーは人口が非常に多いインドと中国の 2 カ国と国境を接しており、さらに国土が狭く人口過密なイスラム国であるバングラデシュとも国境を接している。欧米諸国もミャンマーを狙っている。共産主義の中国もミャンマーと貿易ルートを開発したことで、自由にミャンマーに出入りできる状態となっている。ミャンマーは ASEAN の一員であるため、ASEAN 各国とも協調しなければならない。従って、ミャンマーが長年にわたり貫いてきた中立政策を今後も堅持しながら、各国とうまくやっていくべきだと記しておきたい。

本書について

　本書は、2016年に出版された、キンニュン氏の著作（第2巻）の翻訳である。本書では、著者の経験をおりまぜながら、ミャンマーの現状や今後の展望についての提言がなされている。また、篤信の仏教徒として善行に力を入れていること、故郷のため社会奉仕活動を精力的におこなっていることにもページを割いている。

　本書では、著者が自身の考えや意見を自由に語っているため、率直な物言い、一方的見解と思われるところも少なくない。本書では基本的に、それらもそのまま訳出している。著者の語っていることがミャンマーの人びとの意見を代表しているわけではないとしても、ミャンマーの歴史観、対外観がどのようなものか、あるいは国内の諸問題の要因がどのように理解されているのか、という観点で読んでいただければと思う。

　一例として、日本についての記述をあげよう。日本は、大量の中古車を輸出してミャンマーの外貨を奪いとった。そのため「外貨は底をつき、道路上には車があふれ大渋滞が起きているため、市民の移動、宗教活動、社会活動などにあらゆる問題が起きている」と断言している（1章8節）。しばしば親日国として紹介されるミャンマーの実力者であった著者が、このような認識を示していることは意外かも知れない。これがミャンマーの人びとの多くに共通するものなのかは別としても、本書が現地の読者向けに出版されたものであることをふまえれば、著者の本音とみることもできるだろう。私たちとしても、現地にはこうした認識があることを受けとめる必要があろう。

　著者は、ミャンマーの今後についてどのような展望を描いているだろうか。前書きにおいて「重要なことは、わが国は工業国には絶対になりえないことである。先祖代々から農業を基本に努力してきた国である。・・・工業国にするという方針は、外国勢力の傘下に入ることになる。農業や畜産業を基本とした産業が盛んになるように、これらの産業が栄えている国から技術を習得できるように努力」すべきと述べている。このような認識と国を開いて発展を図っていくこととのバランスをどうとっていくのか、難しい問題である。他方で著者は、伝統文化の保持、発展をいっそうすすめるべきとも提言している。外国文化の浸透（これについてもかなり強い調子で非難している）を意識したものであろう。

　おしまいに、多民族国家としてのミャンマーという観点からすれば、著者の見方は少数派の人たちにたいして、やや距離のあるものになっていると言わざるを得ない。少数派の人たちの生活は立ち遅れており、政府が一方的に手をさしのべる対象として描かれている。同様に、伝統文化を尊重しようという文脈でも、著者にとって伝統文化は仏教的なそれとほぼ同義である。少数派の人たち自身が、どのようなことを政府に望んでいるのか、あるいは、仏教とは異なる宗教を信仰している人びとの位置から、現在のミャンマー政治、社会はどのように映っているのか、読者で

ある私たちは、想像力をたくましくして、本書を読んでみる必要があるのではない
だろうか。

解題 「民主主義を下剋上と読み解いた国軍」

吉田鈴香

　キンニュン元首相の軍人、政治家両方の仕事の中でも最大の功績は停戦合意だったと言える。すべての少数民族武装勢力の首領たちと「男と男の約束」を交わし、納めたのであるから。KNUともあと一歩で結べたところを軟禁されてしまったのは残念なところだが。

　本書ではその武装勢力の首領たち一人ひとりの名前を挙げその人柄を称賛し、また部族の文化的特徴にも言及している。ミャンマーの少数民族武装勢力は首領の下に概ねまとまり、グループ単位の行動をとっていたことが分かる内容である。重大な決断に協力してくれた中国や ASEAN 諸国のリーダーの名前も挙がっている。停戦合意は一人（リーダー）の人間とあい対峙して面談することで成し遂げることができた。少数民族武装勢力にもはやまともな成人男性はおらず、これ以上人も資金もないタイミングだったこと、鄧小平というキーパーソンが間接的に支援してくれたことなど、状況を作った手腕が読み取れる。東西冷戦中ゆえに諸外国からの批判めいた声もなかったことも幸いであった。

　1988 年から国軍は政治面から国家建設の緒に就いた。当時国軍は、反乱軍など国軍に反抗する者たちの顔とその背景を調べ、誰が何者であるかよく知っていた。ところが、アウンサンスーチー氏の登場によって突如外から「民主主義」という言葉とともに背景の知らない者たちがデモを始めた。女史と行動を共にする少数民族たちも現れ始めた。この時、国軍幹部は焦ったと推測する。彼らは民主主義を「下剋上」と読み解いた。

　1990 年５月実施の総選挙では、まさにそれが現実になった。下剋上になっては、国民全員が放つ雑音を収拾することは、国軍の能力を超えていた。せいぜい政治権力のトップになるのは「顔が見える A か、あるいは顔が見える B」になるはずだった。それが、「顔の見えない者が権力を掴み取る時代が来る」と不安になったのではないか。グループのリーダーを抑えて話し合いで事を納めてきたスタイルが通じなくなった、と。ゆえに、民主主義を警戒した。憲法で政治が急進的になることを抑えねばと、選挙結果を無視して憲法制定に急いだ。国軍幹部と議論すると常に「教育レベルが低い国民を守らねばならない。民主主義ではなく適材適所で政治権力を持つべきだ」と言う理由はここにある。

　本来政府とは、教育や保健など国民への直接サービスをする役割があるが、予算の都合上民間に任せきり故、国民と軍事政権をつなぐチャネルもない。情報開示をしても理解する国民がいるとは思わなかった。経済制裁で困窮した国民は、軍事政権にもはや期待しなくなった。クーデター後、2010 年の総選挙までの 20 年は、ミャンマーが土俗社会から民主主義国家へと歩を進めるまでの期間だったのではないか。

　国家を運営したことがない人々が新たに建設した国家である。国家建設の"人柱"にでもなった気持ちでキンニュン元首相は達観しておられるようだ。

本書の内容の言語解析

田代佑妃・石戸光

本書の全文（ただし冒頭のペンネームの個所、および筆者の家族に関する第27章を除く）をもとに、言語解析ソフトウェアとしてNTT数理データのテキストマイニングを使用し、意味内容についての量的テキスト解析を行った。新学術領域の研究としての試みである。

原語はミャンマー語であるところを、日本語訳をテキスト解析することには、本来的な制約も予想されるが、用いられる単語の頻度および単語同士の結びつきについて、一定の情報が得られると考えられる。

本書を日本語訳した際の延べ単語数は24,618語であり、用いられている単語について、頻度および結びつき（係り受け）、評価語解析の結果は以下の通りとなった。頻度解析では、「ミャンマー」の「国家」としての「発展」を「主導」することが、「国民」にとって「良い」ことである点が浮き彫りにされている。パゴダ（ミャンマー式の仏塔）という仏教関連の用語も頻度解析の上位にランクされ、キンニュン氏の著作には、社会主義の特徴がみられる。

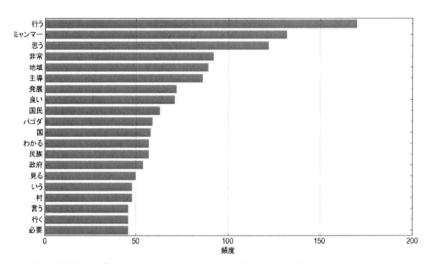

図1　単語頻出解析「私の人生にふりかかった様々な出来事2」

係り受け頻度解析では、「パゴダ」の「建立」が「国」の「発展」と同等の高い頻度で用いられていることが分かり、和平のための「話し合い」を「行う」ことの必要性、「困難」に「直面」する国民のために「生活水準」を「向上」させることが本当に重要であると認識されていることが表れている。

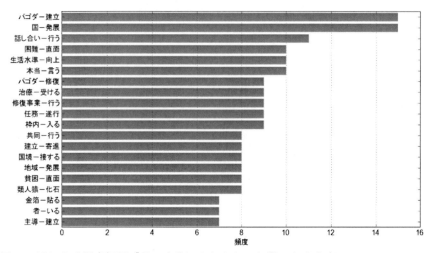

図2　係り受け頻度解析「私の人生にふりかかった様々な出来事2」

　ポジティブな評価語としては、「発展」、「安定」、のための「努力」が「国民」全体および「村」のレベルで望ましいことが論調となっていることが分かる。ネガティブな評価語としては、ミャンマーの「直面」する（不安定な）「状態」、また「交通事情」、「生活改善」の現状が挙げられており、軍事・政治・経済の諸側面における同国の発展を切迫感を持って捉えている筆者の姿勢が窺える。

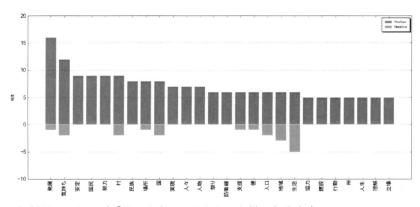

図3　好評語ランキング「私の人生にふりかかった様々な出来事2」

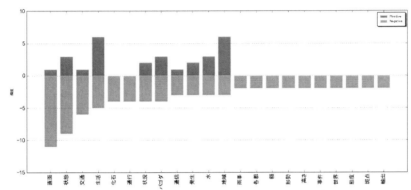

図4　不評語ランキング「私の人生にふりかかった様々な出来事2」

最後にネットワーク図を用いて本書全体の可視化を行ったところ、以下の通りとなった。（単語の繋がりの共起関係を抽出し、出現回数が 5 以上のものを図示している。）「困難」や「不便」を乗り越え、「平和」で「安定」的な「発展」を志向し、形成する「国民」同士の「関係」を「良い」ものとする、というキンニュン氏の根本的な政治姿勢が現れている。

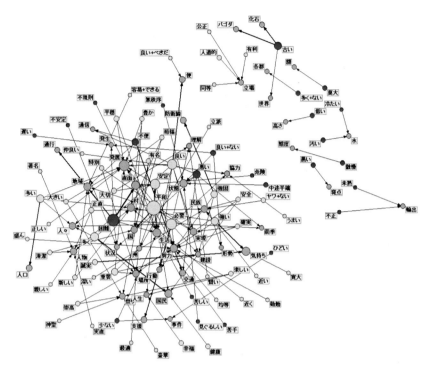

図5　ネットワーク図「私の人生にふりかかった様々な出来事2」

あとがき

本書出版のきっかけは林健太郎氏がミャンマー関連で長年協働してきたミャミャウィン氏、モーミンウー氏、中原一就氏らに依頼してキンニュン氏の執筆した本書を見出していただき、キンニュン氏から本書のミャンマー語から日本語への翻訳の許諾を得たことに端を発する。また解題で述べたように、ミャンマーにおいて長く教育活動をして来られた中西修氏に本文の日本語への翻訳をお願いし、さらに岩城高広氏（大学院人文科学研究院・教授）からの確認をふまえながら千葉大学研究グループとして適宜調整を行った。田代佑妃さん、明利千穂さん、及び五十嵐慧さんには本文の編集にあたって細かい作業をしていただいた。記して感謝したい。本書の出版にあたっては、文部科学省科学研究費補助金新学術領域研究（研究領域提案型）「グローバル関係学」（代表：酒井啓子・千葉大学社会科学研究院教授）の一部門としての計画研究 A02「政治経済的地域統合」（課題番号 16H06548、研究代表：石戸光・千葉大学大学院社会科学研究院教授）及び、千葉大学リーディング研究プロジェクト「未来型公正社会研究」（代表：水島治郎・千葉大学大学院社会科学研究院教授）、及び B03「文明と広域ネットワーク」（課題番号：16H06551、研究代表：五十嵐誠一・千葉大学大学院社会科学研究院准教授）からの助成を受けた。本書がミャンマーの近現代史および今後の同国における社会発展の参考となることを著者のキンニュン氏とともに願いたい。

千葉大学研究グループ　一同

著者・解題部分の著者・コメント者の紹介

著者
キンニュン元首相
1993 年 10 月 11 日　ヤンゴン管区、チャウタンに生まれる。
ヤンゴン大学卒業
ミャンマーの軍人、政治家。階級は大将。軍事政権の序列 3 位として国家平和発展評議会（SPDC）第 1 書記および首相を務めた。

千葉大学研究グループのメンバー一覧（50 音順）
石戸　光　　千葉大学大学院社会科学研究院　教授
岩城高広　　千葉大学大学院人文科学研究院　教授
田代佑妃　　千葉大学グローバル関係融合研究センター　特任研究員
中西　修　　本プロジェクトの研究協力者
林健太郎　　千葉大学法政経学部　客員研究員
吉田鈴香　　千葉大学法政経学部　客員研究員

私の人生にふりかかった様々な出来事　下巻
ミャンマーの政治家　キン・ニュンの軌跡

2020年3月26日　　初版発行

著：キン・ニュン

訳：千葉大学研究グループ

定価(本体価格2,500円＋税)

発行所　　株式会社　三恵社
〒462-0056 愛知県名古屋市北区中丸町2-24-1
TEL 052 (915) 5211
FAX 052 (915) 5019
URL http://www.sankeisha.com

ISBN978-4-86693-195-1 C3023 ¥2500E